MYSTIKER

ZEHN MENSCHEN,
DIE UNS
DIE WEGE GOTTES ZEIGEN

MURRAY BODO

MYSTIKER

ZEHN MENSCHEN,
DIE UNS
DIE WEGE GOTTES ZEIGEN

MURRAY BODO

SANKT
ULRICH
VERLAG
GmbH

Titel der Originalausgabe: Mystics. Ten Who Show Us the Ways of God
St. Anthony Messenger Press, Cincinnati/Ohio
© 2007. Murray Bodo
Übersetzt von Gabriele Stein

Für Herbert Lomas

Denn, ob er schon weilt unter der Welt Glanz und Wunder,
Muß sein Geheimnis eingekraftet, bekräftigt werden;
Denn ich grüß ihn den Tag, wo ich ihm begegne,
und segne, wenn ich begreife.

Gerard Manley Hopkins
„Der Schiffbruch der Deutschland"

Bibliographische Information der Deutschen Bibliothek

Die Deutsche Bibliothek verzeichnet diese Publikation in der
Deutschen Nationalbibliographie; detaillierte bibliographische Daten
sind im Internet über http://dnb.ddb.de abrufbar.

© 2009 by Sankt Ulrich Verlag GmbH, Augsburg
Alle Rechte vorbehalten
Titelbild: photocase
Umschlaggestaltung: uv media werbeagentur
Mediengruppe Sankt Ulrich Verlag, Augsburg
Druck und Bindung: Ludwig Auer GmbH, Donauwörth
Printed in Germany
ISBN 978-3-86744-075-2
www.sankt-ulrich-verlag.de

Inhalt

WIE DIE MYSTIKER
UNS GOTTES WEGE WEISEN

Als ich die Mystiker zu lesen begann, war ich verstört und erschreckt von der Schwere ihres Leids. Fast schien es, als ob sie leiden wollten oder als ob Gott wollte, daß sie litten. Mit der Zeit jedoch begriff ich, daß wir zwar alle leiden, daß aber die Heiligen und die Mystiker sich von ihrem eigenen Leiden sehr wenig anfechten lassen. Sie kümmern sich kaum oder gar nicht um sich selbst, sondern um ihre Arbeit, und dabei handelt es sich nicht selten um Projekte, die sich nicht einmal ein kerngesunder Mensch zutrauen würde. So war der heilige Franz von Assisi ein unermüdlicher Evangelisierer, und die heilige Teresa von Ávila gründete trotz schwerer Krankheit bis an ihr Lebensende ein neues Kloster nach dem anderen.

Die Heiligen kümmern sich um andere: vor allem um *den* Anderen, Gott; aber auch um ihren Nächsten und die Gesellschaft insgesamt. Sie leben mit dem Blick auf Gott und ihren Nächsten; sie werden zu lebenden Beispielen dafür, was es heißt, Gott mit ganzem Herzen, mit ganzer Seele und mit allen Gedanken zu lieben und den Nächsten zu lieben wie sich selbst. Nicht das Leid also ist das Entscheidende im Leben der Heiligen und der Mystiker: Entscheidend ist, daß das Leid sie nicht davon abhält, Gott und den Nächsten zu lieben. Ihr Blick ist von einem Ort her nach außen gerichtet, an dem sie nahezu immer in Gottes Gegenwart leben.

Diese inwendige Gottversunkenheit schließt die Heiligen nicht in der Innerlichkeit und in der Verzückung ein und nimmt ihnen auch nicht ihre Aufgeschlossenheit für andere;

zeitweise – während der Ekstase oder der inneren Schau – mag dies zwar der Fall sein, doch letztlich führt die Gottversunkenheit unweigerlich zu einer größeren Aufmerksamkeit für die äußeren Dinge und macht den Heiligen und Mystiker zu einem Menschen, der anderen ein heroisches Maß an Liebe und Hilfe schenkt. Nicht Visionen, Zeichen oder Wunder – die Nächstenliebe macht den Heiligen und den Mystiker aus. „Für jetzt bleiben Glaube, Hoffnung, Liebe, diese drei", schreibt der heilige Paulus, „doch am größten unter ihnen ist die Liebe" (1 Korinther 13,13). Und diese Liebe ist nach außen hin sichtbar: „Die Frucht des Geistes aber ist Liebe, Freude, Friede, Langmut, Freundlichkeit, Güte, Treue, Sanftmut und Selbstbeherrschung" (Galater 5,22–23).

Der schwierige Balanceakt des Mystikers und all derer, die in einer innigen Gottesbeziehung leben wollen, besteht darin, in der Welt zu leben, aber nicht von der Welt zu sein; den eigenen Leib zu lieben, aber nicht zuzulassen, daß er den Geist beherrscht; das Leben zu lieben, aber nicht zuzulassen, daß die Ewigkeitssehnsucht von der Lebenslust erstickt wird. Und das ist der Beginn der Askese – jener Übungen, die die Person von den Bedürfnissen und Vergnügungen dieser Welt frei und für das Ewige und Spirituelle empfänglich machen sollen. Doch muß man sich vor Übertreibungen hüten. Heilige sind Menschen, und Menschen übertreiben zuweilen, weil sie denken, daß die Bestrafung des Leibes oder der weltgerichteten Impulse zwangsläufig zu spiritueller Versenkung führen wird. Das wird sie, oder auch nicht – je nach Motivation, die von Selbsthaß und Angst vor dem Leib bis hin zur sklavischen Nachahmung anderer, falsch verstandener Heiliger reichen kann. Auch Heilige machen Fehler.

Gegen Ende seines Lebens bat der heilige Franz von Assisi, der sanfteste aller Heiligen, seinen eigenen Bruder Leib um Vergebung. Als junger Mann hatte er ihn im Hochgefühl seiner Bekehrung Bruder Esel genannt und große Opfer von ihm verlangt. Mit seinen anfänglichen Bußübungen wollte er sich zum einen für seine früheren Exzesse bestrafen und zum anderen Christus ähnlicher werden. Als er Christus ähnlicher geworden war, erkannte er, daß es nicht auf die selbstauferlegten Strafen, sondern, wie im Leben Christi selbst, auf die liebende Hingabe an den Willen Gottes ankommt, was immer dieser Wille auch von uns verlangt. Diese Hingabe bringt aufgrund unseres Menschseins und aufgrund der menschlichen Sünde ihre eigenen Qualen und Leiden mit sich. Selbst Jesus litt in den Händen derer, die nicht eins waren mit dem Willen Gottes.

In seinem Sonnengesang sagt der heilige Franz: „Selig jene, die sich in deinem heiligsten Willen finden, denn *der zweite Tod* wird ihnen kein Leid antun."[1] Er sagt nicht: „Selig jene, die Buße getan haben, sondern: „Selig jene, die sich in deinem heiligsten Willen finden".

Der Moment der Ekstase ist für alle Mystiker der Moment, da Gott in ihr Leben tritt, und diese Erfahrung ist so intensiv, daß sie nichts wahrnehmen außer der unendlichen Liebe Gottes und nichts wollen, außer sich dem Willen dieser Liebe zu unterwerfen – der Quelle aller Glückseligkeit, aller Erfüllung und Erleuchtung und allen Friedens. Um auf diesen Willen ausgerichtet zu bleiben, sind die Mystiker bestrebt, alle Störfaktoren wie die Beschäftigung mit sich selbst oder dem Materiellen auszuschalten. Ihnen ist stets bewußt, daß ihre Gotteserfahrung völlig ungeschuldet, nicht verdient, sondern reine Gnade war. Auch wenn manchen diese Erfahrung mehr als einmal zuteil wird, ist es doch nichts, das sich nach Belieben wiederholen ließe – sie müssen es sich immer wieder liebevoll ins Gedächtnis rufen wie eine kostbare Erinnerung, die ihr Leben verändert.

Zuweilen, wenn sie zu weit gegangen sind, entdecken sie, daß auch die Buße selbst zu einem neuen Gott werden und sie blind machen kann für den Willen des Gottes, den sie lieben und dem sie dienen wollen. Heilige wachsen wie alle anderen Menschen, und sie lernen, daß die Buße nicht das Entscheidende ist; entscheidend ist der Wille Gottes, und dieser Wille ist durch das ewige Überströmen der Liebe Gottes motiviert, der nur das Beste für sein geliebtes Geschöpf will, denn dieses Geschöpf ist die Frucht der Liebe, die aus dem ewigen Interagieren der heiligen Dreifaltigkeit hervorgeht.

Wir lesen die Mystiker aus demselben Grund, aus dem wir auch die Bibel lesen: weil wir in ihnen eine innige Gottesbeziehung ausgedrückt finden. Abraham und Moses haben Gotteserfahrungen; die Verfasser der Bücher Genesis und Exodus schreiben diese Erfahrungen nieder. Die Propheten erfahren Gott; ihre Prophezeiungen kleiden diese Erfahrungen in Worte. Wir lesen die Propheten, weil wir wissen wollen, was Gott ihnen gesagt hat. Aber wir lesen sie auch, weil wir hoffen, daß wir ihre Gotteserfahrung nachvollziehen können.

Meine eigene Lektüre der in diesem Buch versammelten Mystiker war ein solcher Versuch der nachvollziehenden Gotteserfahrung. Wie bei der Lektüre der Heiligen Schrift fühle ich, wenn ich die Mystiker lese, daß Gott in diesen Worten irgendwie gegenwärtig ist. Gott hat alles mit Worten geschaffen, und so hoffe ich, daß ich durch Worte neu geschaffen werde.

Für die Gläubigen in der jüdisch-christlichen Tradition verkörpert keine mystische Schrift die göttliche Macht und Gegenwart so, wie die Bibel dies tut. Und kein Buch ist innerhalb dieser selben Tradition häufiger mißbraucht und zweckentfremdet worden. Die Bibel wurde als wissenschaftliche Abhandlung, als politische Waffe, als Ersatz für eine liberale Erziehung und zur Rechtfertigung für alles benutzt, was man sich nur denken kann: vom ungerechten Krieg über die Todesstrafe bis hin zur Ausgrenzung derer, die einen anderen Standpunkt oder eine andere Philosophie vertreten. Immer wieder im Lauf der Geschichte mußte Gottes Wort dazu herhalten, menschliche Worte zu bestätigen und zu bekräftigen, und so wurde die Bibel zum Babel: einem Wortturm, der uns eher trennt, als uns in Gott zu vereinen.

Kein anderer jüdisch-christlicher Text stellt höhere Ansprüche an den Leser, denn er verlangt von uns die Demut, nicht auf unsere eigenen Vorurteile, sondern auf Gott zu hören, kurz:

Die Bibel verlangt, daß wir darauf verzichten, selbst Götter sein zu wollen. Die Wahrheit der Bibel ist, daß Gott allein Gott ist; Gott allein *ist*. Gott ist Gott, und wir sind Geschöpfe, die in allem von Gott abhängig, aber von Gott mit einem freien Willen ausgestattet sind. Mit diesem freien Willen können wir uns weigern, den Vorrang Gottes anzuerkennen, und unseren Willen über den Willen Gottes stellen.

Kardinal John Henry Newman hat einmal gesagt, daß man an der Art, wie ein Prediger die Schrift verkündet und predigt, erkennen kann, wessen Worte für ihn maßgeblich sind. Welche Worte haben aus seinem Mund die größte Wirkung? Ohne die Liebe Gottes, die uns trägt, sind wir nichts. Gott allein hält uns im Dasein. Wenn wir das einmal begriffen haben, wollen wir mehr über diesen Gott erfahren. Wer ist Gott, und was hat Gott mit uns zu tun? Das ist die Frage aller Fragen, und so begeben wir uns auf die Suche nach Worten und anderen Zeichen, die uns offenbaren können, wer Gott *ist*, und damit auch, wer wir sind.

Und so wenden wir uns nach der Natur und nach der Heiligen Schrift den Mystikern zu. Was hat Gott ihnen offenbart? Mehr oder etwas anderes, als in der Schrift enthalten ist? Mehr, als in dem Wort, das Jesus Christus ist, geoffenbart ist? Ich habe bei den Mystikern nichts gefunden, das über das hinausginge, was Gott in Christus geoffenbart hat – zumindest nichts, was sich auf die Frage bezieht: „Wer ist Gott, und was hat Gott mit uns zu tun?"

Weshalb aber sollte man die Mystiker dann überhaupt lesen? Ich lese sie, weil ich dort erlebe, wie Gott mit Menschen aller Epochen in ihrer eigenen Sprache spricht und zu ihnen in Beziehung tritt. Durch alle Jahrhunderte hindurch, und auch in unserer Zeit. Gott spricht zu einzelnen Männern und Frauen – genauso, wie er zu Abraham und Moses und den Propheten gesprochen hat.

Gott ist nicht tot; Gott nimmt nach wie vor Anteil an seiner gesamten Schöpfung und spricht nach wie vor mit Menschen wie mit seinen engsten Vertrauten, ja mehr noch: In der Sprache der Mystiker, in ihren Metaphern und Bildern wird uns die innige Einheit offenbart, die uns alle mit Gott verbindet, eine ebenso enge Vertrautheit, wie sie das Hohelied zum Ausdruck bringt. Wir sehen die tiefe Verwandlung, die sich in den Menschen vollzieht, sobald sie auf greifbare Weise erfahren, wer Gott ist und wer Gott für uns ist.

Wie in früheren Zeiten spricht Gott auch heute zu einzelnen Menschen, und sie werden verwandelt. Und ihre Geschichten verwandeln uns, sobald wir erkennen, daß ihre Geschichten unsere Geschichten sind. Die Wahrheit, die die Mystiker sehen und nach der sie handeln, ist die Wahrheit über uns alle. Wir müssen nur gläubig sehen, was sie sehen, und schon erfahren auch wir die Wirkung der Macht und der Gegenwart Gottes in unserem Leben. Die Mystiker zeigen uns durch ihre Visionen und durch ihr Leben, daß das, was unser Glaube bezeugt und was die Theologie uns lehrt, wahr ist: Gott ist, und Gott ist ganz nah: heute und immer und in allem, was uns betrifft.

Erst nach langer Zeit und vielen schmerzlichen Fehlern habe ich begriffen, daß die Mystiker im Kontext ihrer eigenen Epoche gelesen werden müssen. In einigen Dingen kann man ihnen vertrauen, doch mitunter wird ihr Bild durch alles andere als gesunde Einstellungen getrübt, die mit der Botschaft der Menschwerdung Gottes nicht eben viel zu tun haben: Manche von ihnen fürchten den Leib oder die Sexualität oder verachten die materielle Welt als notwendiges Übel oder bloßen Übergang zu einer spirituellen Daseinsform. Diese Dichotomien, diese Gegenüberstellung von Geist und Materie, Seele und Leib, kann, wenn schon nicht Teil der reinen Vision eines Mystikers, so doch ein Teil davon sein, wie er oder sie seine oder ihre Erfahrung beschreibt. Die Einstellungen der Mystiker werden zur Linse, durch die die Welt gesehen wird.

Selbst wenn die eigene Vision des Mystikers rein ist, kann ein Erzähler oder Übersetzer so sehr Kind seiner Zeit sein, daß die Geschichten einem modernen Leser merkwürdig oder sogar gefährlich erscheinen. Als junger Mann hatte ich Angst, wahnsinnig zu werden, wenn ich die Visionen und Viten der Mystiker las und zu imitieren versuchte. Ich fühlte mich von der mystischen Literatur angezogen, doch ich fürchtete mich auch davor, und deshalb entschied ich mich eine Zeitlang für den „weniger gefährlichen" Weg der Bibellektüre. Die Kirche bestätigt die Heilige Schrift als von göttlich inspirierten Menschen niedergeschriebenes Gotteswort. Die außerbiblischen Mystiker müssen, so attraktiv sie auch sind, mit großer Vorsicht und klugem Urteil gelesen werden. Dasselbe kann man natürlich auch von der Heiligen Schrift sagen, doch in der katholischen Tradition wird die Schriftauslegung durch die Kirche sanktioniert: Die Kirche legt fest, wie die Schrift zu lesen ist und was sie bedeutet. Privatoffenbarungen haben nicht dasselbe Gewicht wie die göttliche Offenbarung. Private Offenbarungen können hilfreich und inspirierend sein, sind aber keine notwendige Voraussetzung für den Glauben.

Die Mystiker sind auf außergewöhnliche Weise von Gott berührt worden und haben diese innere Reise in manchen Fällen außergewöhnlich gut beschrieben. Jeder mystische Text ist die Geschichte einer individuellen Gottesbegegnung. Es sind Worte, die uns dazu inspirieren und motivieren können, mit derselben unbeirrbaren Beharrlichkeit offen zu sein für die Stimme Gottes.

Sicherlich wird sich nicht jeder Gläubige von jedem Mystiker angesprochen fühlen, doch der eine oder andere von ihnen mag in dem Herzen eines Menschen, der versucht, nach dem Evangelium zu leben und Gott zu erkennen, eine Saite zum Klingen bringen. Das eine oder andere von dem, was Sie lesen, wird zu Ihnen sprechen, und Sie werden sagen: „Das ist der richtige Heilige für mich; das kann ich glauben; diesen Worten, diesem Leben kann ich vertrauen."

Kapitel Eins

MARIA: MUTTER DER MYSTIKER

Wenn der Mystiker ein Mensch ist, der die uns allen angebotene innige Gottesnähe auf außergewöhnliche Weise erfährt, dann ist Maria das Muster und Vorbild des mystischen Lebens schlechthin. Sie hat Gott buchstäblich in ihrem Schoß getragen und zur Welt gebracht. Spirituelle Befruchtung, Schwangerschaft und Geburt sind die Anfangsstadien des mystischen Lebens. Gottes Kraft überschattet unser Leben – meist dann, wenn wir es am wenigsten erwarten –, und wir nehmen sein Geschenk an. Selbst wenn wir versucht sind, es für uns zu behalten, wird Gott aus uns geboren werden; Gottes eigene einwohnende Liebe wird uns drängen, anderen zu dienen.

Stellen Sie sich Maria vor: ein junges Mädchen, das betet oder ihre Hausarbeit verrichtet oder vielleicht einfach nur so dasitzt und die Leute an ihrem Fenster vorbeigehen sieht. Plötzlich ist da ein Windstoß wie ein Rauschen von Schwingen oder ein Blitz, und da ist einer wie ein Engel, der zu ihr sagt: „Sei gegrüßt, du Begnadete, der Herr ist mit dir" (Lukas 1,28). Einfach so. Der Herr ist mit dir. Was kann das bedeuten? Als läse er ihre Gedanken, fährt Gabriel fort: „Fürchte dich nicht, Maria; denn du hast bei Gott Gnade gefunden. Du wirst ein Kind empfangen, einen Sohn wirst du gebären: dem sollst du den Namen Jesus geben" (Lukas 1,30–31).

Maria fragt: „Wie soll das geschehen, da ich keinen Mann erkenne?" „Der Heilige Geist wird über dich kommen, und die Kraft des Höchsten wird dich überschatten ..." (Lukas 1,34–35).

Alle Mystiker fragen sich, wie ihnen geschieht, wenn der Heilige Geist von ihnen verlangt, das scheinbar Unglaubliche zu glauben: daß Gott in ihr Leben treten will. Natürlich können sie ablehnen, weil sie Angst oder Zweifel haben, und das Großartige an Maria ist, daß sie nicht ablehnt, sondern ja sagt.

Jeder echte Mystiker, der ja sagt zu Gott, wird zu einem bestimmten Zeitpunkt in die Welt hinausgesandt, so, wie der Vater den Sohn gesandt hat, um vom Himmelreich zu predigen und es zu errichten. Für Maria kommt dieser Moment fast unmittelbar nach der Verkündigung, als der Engel ihr sagt, daß ihre betagte Cousine Elisabeth im sechsten Monat schwanger ist (denn für Gott ist nichts unmöglich). Maria antwortet dem Engel: „Ich bin die Magd des Herrn; mir geschehe, wie du es gesagt hast" (Lukas 1,38).

Und Maria bricht auf in die Berge, um ihrer Cousine Elisabeth beizustehen. Dort wird Gott in Marias tiefer Nächstenliebe geoffenbart werden, so wie Gott in ihrem tiefen Gebet geoffenbart worden war. Denn als sie Elisabeths Haus betritt, hüpft das Baby in Elisabeths Schoß, und erfüllt vom Heiligen Geist ruft Elisabeth aus: „Gesegnet bist du mehr als alle anderen Frauen und gesegnet ist die Frucht deines Leibes (...) Selig ist die, die geglaubt hat, daß sich erfüllt, was der Herr ihr sagen ließ" (Lukas 1,42–45).

Marias Entscheidung und die Wahrheit der Engelsbotschaft finden hier ihre Bestätigung – nicht in einem Moment der Verzückung und Kontemplation, sondern in einem Moment der tätigen Nächstenliebe. Die Wahrheit der Visionen des Mystikers und ihrer Vertrautheit mit Gott erweist sich in der selbstlosen Nächstenliebe seines Lebens.

Maria antwortet Elisabeth mit einem Lobgesang, dem Magnificat, das als die Quintessenz des mystischen Lebens bezeichnet werden kann:

Meine Seele preist die Größe des Herrn,
und mein Geist jubelt über Gott, meinen Retter.

15

Denn auf die Niedrigkeit seiner Magd hat er geschaut.
Siehe, von nun an preisen mich selig alle Geschlechter.
Denn der Mächtige hat Großes an mir getan
und sein Name ist heilig.
Er erbarmt sich von Geschlecht zu Geschlecht
über alle, die ihn fürchten.
Er vollbringt mit seinem Arm machtvolle Taten:
Er zerstreut, die im Herzen voll Hochmut sind;
er stürzt die Mächtigen vom Thron
und erhöht die Niedrigen.
Die Hungernden beschenkt er mit seinen Gaben
und läßt die Reichen leer ausgehen.
Er nimmt sich seines Knechtes Israel an
und denkt an sein Erbarmen,
das er unsern Vätern verheißen hat,
Abraham und seinen Nachkommen auf ewig. (Lukas 1,46–55)

Wie jedes echte Gebet tut das Magnificat nur eines: es preist den Herrn, konzentriert sich ganz auf den Allmächtigen, der Großes unter uns tut, den Einen, dessen Name heilig ist.

Maria aber tut noch mehr, und es ist, als ob sie dem Kind in ihrem Schoß eine Stimme gäbe: sie sagt die Hauptthemen der künftigen Verkündigung und Sendung Jesu voraus. William Barclay schreibt in seinen Betrachtungen zum Lukasevangelium, daß Maria ihr Lied mit einer moralischen, sozialen und wirtschaftlichen Revolution enden läßt.[1]

Die moralische Revolution besteht darin, daß Gott die „zerstreuet, die hoffärtig sind in ihres Herzens Sinn" (in Barclays Übersetzung).[2] Wir beginnen uns zu verändern, wenn unsere eigenen Pläne uns zerstreuen, uns ins Straucheln bringen; Gottes Pläne treten an ihre Stelle – Gottes Pläne, die sich im Fall der Mystiker in einer Vision oder einer Stimme offenbaren, die zu ihrer Seele spricht. Gottes Pläne rufen in unserem Leben eine Revolution hervor. Das, was wir gesehen und gehört haben, beginnt uns zu verändern.

Die soziale Revolution wird in den Worten: „Er stößet die Gewaltigen vom Thron und erhebt die Niedrigen" verkündet. Der Mystiker sieht, was die Welt nicht sieht: daß die Niedrigen die eigentliche Autorität sind, weil sie das Reich Gottes in seiner Fülle darstellen.

In den ersten Worten seiner ersten Predigt sagt Jesus: „Selig, die arm sind vor Gott; denn ihnen gehört das Himmelreich" (Matthäus 5,3). Er sagt nicht: „Ihnen *wird* das Himmelreich gehören", sondern: „Ihnen *gehört* das Himmelreich." Es ist eine *Jetzt*-Verheißung. Wo Armut vor Gott herrscht, da geschieht das wahre Himmelreich. Wie anders ist dieses Reich als die Reiche der Erde, die nicht bei den Niedrigen und Kleinen, sondern bei den Mächtigen sind. Wie machtlos sind die Mystiker nach den Begriffen der menschlichen Macht, und wie mächtig in den Dingen des inneren, spirituellen Königreichs.

Die wirtschaftliche Revolution kündigt sich an, wenn Maria sagt: „Die Hungrigen füllet er mit Gütern und läßt die Reichen leer." Das Königreich, das Jesus verkündigen und das von seinen Jüngern gebildet werden wird, verteilt den Reichtum an die Armen und ehrt die Armut als den kürzesten Weg ins Königreich. „Wenn du vollkommen sein willst", sagt Jesus zu dem reichen Jüngling, „geh, verkauf deinen Besitz und gib das Geld den Armen; so wirst du einen bleibenden Schatz im Himmel haben; dann komm und folge mir nach" (Matthäus 19,21). Der mittelalterliche Mystiker Franz von Assisi wird zur Personifikation dieser Armut des Evangeliums werden, denn er war ein reicher Jüngling, und er wußte nur zu gut um die Wahrheit dieser Worte: „Eher geht ein Kamel durch ein Nadelöhr, als daß ein Reicher in das Reich Gottes gelangt" (Matthäus 19,24).

Marias Leben wird wie das ihres Sohnes die Erfüllung ihres eigenen Lobgesangs sein. Sie wird in die Mysterien des Lebens Christi eingehen. Wie die christlichen Mystiker nach ihr wird sie das Mysterium, an dem sie teilhat, auf besonders intensive Weise miterleben. Als Musterbild der innigen Gottesvertrautheit wird Maria in den Tod und die Auferstehung ihres Sohnes eingehen. Sie wird unter seinem Sterbekreuz stehen; und sie wird im Mysterium ihrer Himmelfahrt mit ihm auferstehen, wenn sie mit Leib und Seele in den Himmel aufgenommen wird.

Die Franziskaner beten einen Rosenkranz mit sieben Gesätzen. Diese franziskanische Krone ist für mich der Inbegriff dessen, was es bedeutet, in das Mysterium unserer Verwandlung durch Christus und in ihn einzugehen. Auf einzigartig gnadenhafte Weise erkennt der Mystiker jene Mysterien, an die wir glauben und die wir mit Leben füllen, wenn wir versuchen, dem Mysterium unserer Taufe treu zu sein.

Schon das Wort *Mystiker* ist von *Mysterium* abgeleitet. Gott gewährt den Mystikern Visionen oder Einsichten, die über unser normales Sehen hinausgehen und sie in die Mysterien – etwa das Mysterium der Taufe – hineinführen. Sie sehen und erzählen uns, welches Wunder in uns geschieht, wenn wir zum Beispiel den Mysterien unserer Erlösung in unserem Leben Raum geben. Die Mystiker bestätigen, daß das, woran wir glauben, wirklich wahr ist.

Die sieben marianischen Freuden der franziskanischen Krone sind für mich eine Veranschaulichung dessen, was im Leben der Mystiker geschieht.

1. *Verkündigung.* Wie Maria haben auch die Mystiker eine außergewöhnliche Heimsuchung Gottes erfahren. Sie hören oder sehen Christus oder seinen Boten, und sie haben die Wahl, ob sie darauf antworten wollen oder nicht. Sie begreifen, daß ihre Erfahrung des Göttlichen nicht nur im Zuhören, sondern auch im Antworten besteht.

2. *Besuch bei Elisabeth.* Die Antwort auf Gottes Verkündigung beinhaltet letztlich auch ein Zugehen auf andere, wie Maria es im zweiten Gesätz der Krone, dem Besuch bei Elisabeth, tut. Als sie von der Schwangerschaft ihrer Cousine Elisabeth erfährt, bricht Maria unverzüglich auf, um für sie zu sorgen

und ihr zur Hand zu gehen. Wie sie bei der Verkündigung zur Magd des Herrn geworden ist, wird sie nun die Dienerin ihrer Cousine. Eines führt zum anderen, und ihrer Cousine zu dienen heißt in der Tat, Gott zu dienen. Denn, so wird ihr Sohn einst lehren, was man dem Geringsten seiner Brüder und Schwestern getan hat, das hat man ihm getan.

3. *Geburt.* Das mystische Herz gebiert Gott in Armut, Kleinheit und nicht selten in Dunkelheit. Mystiker gebären Christus nicht wortwörtlich, aber im spirituellen Sinne: durch ihre Nächstenliebe und durch die Art, wie sie leben.

4. *Anbetung der Weisen.* Die Mystiker ahmen die Anbetung der Weisen symbolisch und buchstäblich nach, wenn sie Gott ihr neugeborenes Selbst darbringen. Sie fühlen, daß sie nicht mehr völlig sich selbst gehören, daß sie mit ihrem Leben nicht mehr nach Belieben verfahren dürfen, sondern daß sie Gott gehören.

5. *Auffindung Jesu im Tempel.* Die Auffindung des Jesuskindes im Tempel beinhaltet eine Wahrheit, die nicht nur für das Leben der Mystiker, sondern für unser aller Leben gilt: daß wir Gott nicht festhalten können. Gott ist Gottes Angelegenheit, und nichts, was wir tun, wird Gott zu unserem persönlichen Besitz machen. Das ist eine Erfahrung, die wir alle auf die eine oder andere Weise machen, doch bei den Mystikern ist sie besonders intensiv, weil sie mit dem Gefühl der vertrauten Gottesnähe beschenkt worden sind. Es kommt der Punkt, da Gott sich entzieht, und der Mystiker bleibt allein in der dunklen Nacht der Seele zurück, um es mit den Worten des Johannes vom Kreuz zu sagen. Gott ist nicht mehr da, oder zumindest erscheint es den Mystikern so. Sie sehnen sich danach, Gott zu erfahren, doch sie können es nicht erzwingen, weil Gott sie durch diese dunkle Nacht hindurchführt, damit sie Gott um Gottes willen und nicht um der Vertrautheit und der Geschenke

willen lieben, die Gott ihnen gewährt. Und so warten sie und verrichten weiter ihre Gebete und ihre Werke der Nächstenliebe; doch sie finden keinen Trost und keine Freude darin, bis Gott sie erneut aufsucht und ihre Freude zurückkehrt in ein geläutertes, von aller Selbstsucht befreites Herz.

6. *Auferstehung.* Die Auferstehung Jesu ist in der Verklärung vorgebildet. Als Jesus Petrus, Jakobus und Johannes mit sich auf den Berg nimmt und vor ihren Augen verklärt wird, versuchen sie, diese Erfahrung festzuhalten – genauso wie viele andere Mystiker versucht haben, ihre ekstatische Gotteserfahrung festzuhalten. Das Antlitz Jesu verändert sich, seine Gewänder werden strahlend weiß, und Moses und Elias erscheinen in Herrlichkeit und sprechen von dem, was Jesus in Jerusalem bevorsteht. Sofort will Petrus drei Hütten für Jesus, Moses und Elias bauen, um sie dort festzuhalten. Doch der Evangelist Lukas sagt, daß Petrus nicht weiß, was er sagt, denn noch während er spricht, kommt eine Wolke und überschattet sie, und die Jünger fürchten sich. Dann erklingt eine Stimme aus der Wolke: „Das ist mein auserwählter Sohn, auf ihn sollt ihr hören" (Lukas 9,35). Danach steht nur noch Jesus da; die Vision ist vorüber, und kurze Zeit später zieht Jesus in Jerusalem ein, und es beginnen die Tage seines Leidens, seines Todes und seiner Auferstehung.

Wir können die Herrlichkeit nicht festhalten. Nicht einmal Maria kann das. Die alltägliche Fahrt durch die Meerenge zwischen Leben und Tod geht weiter, wie sie auch für Maria weiterging, nachdem sie ihrem Sohn als dem auferstandenen Herrn begegnet war. Der Mystiker jedoch hat die Vision wirklich geschaut, Gottes Stimme wahrhaftig gehört. Seine Visionen und Stimmen ermutigen diejenigen von uns, die nichts gesehen oder gehört haben, fester daran zu glauben, daß sich unter der Asche unseres gewöhnlichen Lebens die Glut der Herrlichkeit Gottes verbirgt. Von Zeit zu Zeit flackert sie auf und wird von jenen gesehen, die Gott erwählt hat, um ihnen diese Parallelwelt zu offenbaren, an die wir glauben, die wir aber nicht sehen.

7. *Himmelfahrt und Krönung Marias.* Wie Maria in diesem letzten Geheimnis werden auch die Mystiker mit Leib und Seele in den Himmel aufgenommen. Damit meine ich, daß wir das Paradies nur als Einheit aus Leib und Seele betreten werden. Nach einer intensiven Gotteserfahrung ist die Versuchung groß, der Seele den Vorrang zu geben, den Leib zu verunglimpfen und so die gottgeschaffene und gottgewollte Einheit der Person aufzuspalten. Manche Mystiker haben den Leib als Problem gesehen, als Quelle der Sünde, als niederen Teil ihrer selbst, und haben sich dementsprechend verhalten: ihrem Leib nicht selten extreme Bußübungen auferlegt, ihre leiblichen Bedürfnisse vernachlässigt und sogar versucht, nur reine Seele zu sein. Auch dahinter verbirgt sich der Wille, Gott festzuhalten. Doch wir müssen Gott gehen lassen – so wie Maria, als sie ihren Sohn sterben sah; und als sie ihn in den Himmel auffahren sah, nachdem sie dem lebendigen Auferstandenen begegnet war. Sie gehorchte Jesus und ging nach Patmos, um bis ans Ende ihrer Tage bei Johannes zu leben.

Es gibt ein schönes Gedicht der englischen Dichterin Anne Beresford, das in schlichten, anheimelnden Bildern von Maria spricht und sie aus der Sicht des Johannes als eine Frau darstellt, die mit sich im Einklang ist.

Auf Patmos

Im Anfang
Schweigen
ihre Hände sind kalt
sie streicht über mein Gesicht
und murmelt danke

Wir teilen Frieden
auf dieser Insel

Meine Erinnerungen, Visionen,
niedergeschrieben.
Arbeit, mir zugewiesen,
als Petrus fragte:
„Was wird denn mit ihm?"

Meine Mutter des Wortes
Sitzt in der Mitte des Universums
und stirbt langsam hinein in ihre Gedanken.[3]

Diese Maria ist eine alternde Frau, keine reine Seele. Die Krönung Marias zur Königin von Himmel und Erde spricht von der Wahrheit unserer Beziehung zu Gott. Unsere Krönung vollzieht sich in der Vermählung der Seele mit Gott, die die Mystiker im Status der Ekstase erfahren und über die einige Mystiker geschrieben haben, wie wir auf den folgenden Seiten noch sehen werden.

Es ist ein Irrtum anzunehmen, daß die Mystiker außergewöhnlich heilige Menschen sind, die sich durch ihre Heiligkeit von uns gewöhnlichen Christen abheben. Nichts könnte weiter von der Wahrheit entfernt sein. Es sind ihre mystischen Erfahrungen, ihre Visionen, nicht ihre Heiligkeit, die die Mystiker einzigartig und anders machen. Heiligkeit hat etwas damit zu tun, daß man in der Gnade Gottes lebt, daß man die Tugend übt, vor allem die Tugend der Nächstenliebe, die allen zugänglich ist; sie hat nichts mit Visionen zu tun. Jesus sagt, daß niemand eine größere Liebe hat als der, der sein Leben für seine Freunde hingibt. Petrus, Jakobus und Johannes sind nicht heiliger als die anderen Apostel, weil sie den verklärten Jesus gesehen haben; sie sind nur anders, weil sie eine Erfahrung hatten, die die anderen Apostel nicht hatten. Sie haben den anderen eine Erkenntnis voraus.

Heiligkeit hat nichts mit Wissen, sondern etwas mit Glauben zu tun. Heiligkeit hat etwas damit zu tun, daß man in Glauben, Hoffnung und Liebe wohnt, und das kann jeder, der offen ist für den Heiligen Geist.

Und es ist auch ein Irrtum zu glauben, die Mystiker seien besondere Freunde Gottes und wir anderen nicht. Auch das trifft nicht zu. Wir alle sind besondere Freunde Gottes, wenn wir Gottes Gebote befolgen. Einzigartig sind die Mystiker aufgrund der Offenbarungen, die sie erhalten. Das macht sie zu besonderen Gliedern des Leibes Christi, die aber deshalb nicht notwendiger sind als die anderen. Es gibt viele Geistesgaben, wie der heilige Paulus sagt, doch die wichtigste und einzig wesentliche steht allen offen: die Liebe. „Die Liebe hört niemals auf", so schreibt er. „Prophetisches Reden hat ein Ende, Zungenrede verstummt, Erkenntnis vergeht" (1 Korinther 13,8).

Wie aber lassen sich diese Mysterien, an die wir glauben und auf die die Mystiker einen Blick haben werfen dürfen, in unserem Alltag mit Leben füllen? Wir wollen uns die Episoden aus dem Evangelium einmal der Reihe nach so vor Augen führen, als wären wir selbst dabeigewesen.

Maria und Josef bringen Jesus nach Jerusalem, um ihn dem Herrn darzustellen. Dort wartet Simeon auf die Erfüllung dessen, was der Heilige Geist ihm verheißen hat: daß er nicht sterben wird, ehe er den Messias des Herrn gesehen hat. Maria sieht ihn, und sie weiß sofort, daß auch er zu der Gefolgschaft jenes Heiligen Geistes gehört, der über sie gekommen ist. In ihm lodert ein Feuer, das sie wiedererkennt, als er das Jesuskind in seine Arme nimmt, Gott lobt und spricht:

Nun läßt du, Herr, deinen Knecht,
wie du gesagt hast, in Frieden scheiden.
Denn meine Augen haben das Heil gesehen,
das du vor allen Völkern bereitet hast,
ein Licht, das die Heiden erleuchtet,
und Herrlichkeit für dein Volk Israel. (Lukas 2,29–32)

Maria und Josef wundern sich: Da ist schon wieder jemand, der ihren Sohn erkennt, obwohl der doch noch so klein ist und mit seinem winzigen runden Wangen lacht, wie Babys eben lachen. Doch auf das, was danach kommt, ist Maria nicht vorbereitet. Simeon richtet seinen Blick auf sie, und aus seinem greisen Körper strömen die inspirierten Worte: „Dieser ist dazu bestimmt, daß in Israel viele durch ihn zu Fall kommen und viele aufgerichtet werden, und er wird ein Zeichen sein, dem widersprochen wird. Dadurch sollen die Gedanken vieler Menschen offenbar werden. Dir selbst aber wird ein Schwert durch die Seele dringen" (Lukas 2,34–35). Wie für die Mystiker nach ihr fallen auch für Maria Freude und Herrlichkeit und Leid in eins. Ein Schauer überläuft sie – nicht so sehr im Gedanken an sich selbst als vielmehr an ihren Sohn, und wie ein heftiger Windstoß, der das Kind in ihren Armen bedroht, fahren ihr die Worte des Propheten Jesaja durch den Sinn:

Ich hielt meinen Rücken denen hin,
die mich schlugen, und denen, die mir den Bart ausrissen,
meine Wangen. Mein Gesicht verbarg ich nicht
vor Schmähungen und Speichel. (Jesaja 50,6)

Schon jetzt fühlt sie das Schwert, und sie zuckt zusammen. Genau in diesem Moment kommt die Seherin Hanna herein und beginnt zu allen, die sich nach der Befreiung Israels sehnen, in prophetischen Worten über Marias Kind zu sprechen. Der dunkle Windstoß geht vorüber, und sie kehren nach Nazareth zurück – wie die Mystiker, die großes Licht und große Dunkelheit erfahren und dann zu ihrem alltäglichen Leben zurückkehren.

Dann erfährt Josef im Traum furchtbare Nachrichten und nimmt Mutter und Kind mit sich nach Ägypten. Auch König Herodes sucht nach dem Kind. Er ist nicht vom Heiligen Geist erleuchtet worden, sondern hat durch die Weisen von der Geburt des Königs erfahren, die an Herodes' Hof nach dem Neugeborenen gefragt hatten – ein neugeborener König! Das ist eine unheilvolle Bedrohung für Herodes' Thron. Er muß ihn vernichten, falls diese Sterndeuter rechthaben und schon jetzt ein neuer König unter ihnen ist.

Das also erfährt Josef, Marias Mann, der Mann der Träume, im Traum von einem Engel – so wie er ebenfalls von einem Engel erfahren hatte, daß Marias Schwangerschaft, ihre Schande, in Wirklichkeit Gnade ist, weil das, was in ihr empfangen wurde, vom Heiligen Geist stammt. Und er glaubte und wurde wie sie und Elisabeth und die Weisen, wie Simeon und Hanna zu einem aus der Gefolgschaft des Heiligen Geistes. Sie beherzigen die Warnung des Engels und fliehen nach Ägypten, und sie bleiben dort, bis der Engel ihnen andere Kunde bringt. Josef und Maria nehmen das Kind und ziehen nach Ägypten. So kehren sie Israels vierzigjährigen Auszug von Ägypten in das Heilige Land der Verheißung um.

Erneut erfährt die Mystikerin Maria die Umkehrung eines Weges. Plötzlich gehen sie einem Ziel entgegen, das sie nicht kennt, und der kalte, dunkle Wind der Prophezeiung Simeons treibt sie durch die Nacht vor sich her nach Ägypten. Doch Maria glaubt daran, daß diese Rückkehr nach Ägypten ein Werk des Heiligen Geistes ist, denn ein Engel, ein Bote Gottes, hat sie angewiesen zu gehen: um der Sicherheit ihres Kindes willen, das aller Ehren wert und doch noch ein kleines wehrloses Baby ist, nicht sprechen kann und von ihrer und Josefs Fürsorge abhängt. Was ist dies für ein Geheimnis, wie eng sind Gottheit und Menschheit verflochten! Und wie kommt es, daß Israel nun nach Ägypten zurückkehren muß? Was hat das zu bedeuten? Was ist dies für ein dunkles Symbol?

Kein Traum ist vollkommen, kein Weg der einzig mögliche, keine Richtung unumkehrbar für Gott, dessen Weg die Umkehr ist, wie Marias Sohn deutlich machen wird, als er sie und Josef im Alter von zwölf Jahren im Stich läßt und nicht mit ihnen von Jerusalem ins heimatliche Nazareth geht. Also kehrt Maria neuerlich um, zurück nach Jerusalem, wo sie und Josef voller Sorge in der Menschenmenge, die zum Paschafest hergekommen ist, nach ihrem verlorenen Sohn suchen.

Doch als sie ihn entdecken, ist er nicht verloren. Mit zwölf Jahren hat er sich selbst gefunden. Sie finden ihn im Tempel, wo er lehrt. Maria ist verletzt durch diese unerwartete Umkehr, dieses atypische Verhalten eines so vollkommenen Sohnes, der immer nur zugenommen hatte an Gnade und Weisheit; sie fühlt, wie ihr eigener Sohn das Schwert führt, das ihr Herz durchbohrt.

Und sie sagt es: „Kind, wie konntest du uns das antun? Dein Vater und ich haben dich voll Angst gesucht" (Lukas 2,48). Jesu Antwort muß Josef wehgetan haben, dem doch ohnehin schon schmerzlich bewußt war, wie wenig er mit der Empfängnis und Geburt dieses Kindes zu tun gehabt hatte. „Wußtet ihr nicht, daß ich in dem sein muß, was meinem Vater gehört?" (Lukas 2,49). Der Seitenhieb trifft hart – meinem *wirklichen* Vater, dem einen, auf den es ankommt, dem Gott Abrahams. Josef gibt nun zurück, was ihm von Gott geschenkt worden ist, Josef, der Mystiker, dem durch Träume und Engel Offenbarungen zuteilgeworden sind.

Gewiß leidet Maria mit Josef mit, doch beide verstehen, daß ihre eigenen, klar umrissenen Rollen in dieser gewaltigen Geschichte der sich erfüllenden göttlichen Verheißungen hier erneut – und diesmal schmerzhaft – vom Heiligen Geist überlagert werden. Plötzlich verengt sich ihre Straße, erscheint ihr Weg armselig im Vergleich zu *dem* Weg, der der Junge selber ist, dieser gute und gehorsame und freundliche Junge, der nun, wie Josef und Maria vor ihm, den Ruf des Geistes gehört und diese Stimme wiedererkannt hat, und der sich plötzlich, dunkel, aber mit Gewißheit, zu erinnern beginnt, wer er ist; keine andere Stimme wird eine solche Macht über ihn haben wie diese Stimme, die das Echo seiner eigenen ist. Es ist, als würde er von seiner eigenen Stimme gerufen, doch es ist der Heilige Geist. Irgendwie sind sie eins.

Voller Demut und Liebe beginnen Maria und Josef in den Hintergrund zu treten. Josef für immer; und Maria wird im Erdenleben Jesu nur noch einige wenige Kurzauftritte haben.

Jesus ist so sehr ein Teil von Maria und doch so deutlich von ihr getrennt, so anders. Sie sieht mit an, wie er ihr fremd wird und schließlich weggeht, um demselben Geist zu folgen, dem sie einst gefolgt war, als sie ihr Elternhaus in Nazareth verließ, um ihren eigenen Weg, Gottes Weg zu gehen; als sie dem Geist und dann ihrem Sohn den ganzen Weg bis nach Golgatha folgte und doch nur zweimal in seiner Geschichte in Erscheinung trat: einmal in Kana in Galiläa, und das andere Mal, als sie draußen wartete, um ihn die Worte des Geistes verkünden zu hören.

In Kana ist sie es, die den Heiligen Geist hört und sich gedrängt fühlt, Jesus den ersten Anstoß zu seinem Wunderdienst zu geben. Es ist Zeit. In Kana wird Hochzeit gefeiert, und sie ist da, ebenso wie er, ihr Sohn, der inzwischen über das hinausgewachsen ist, was sie sich vorstellen mochte, als er noch als winziges Baby an ihrer Brust lag. Dem Gastgeber ist der Wein ausgegangen, und im Geist weiß sie, daß Jesus seinen Wunderdienst mit Wasser und Wein beginnen muß, so wie er ihn mit Blut und Wein beenden wird.

„Sie haben keinen Wein mehr", sagt sie zu ihm. Und er zu ihr: „Was willst du von mir, Frau? Meine Stunde ist noch nicht gekommen" (Johannes 2,3.4).

Doch sie ist gekommen, und so tut Maria etwas Untypisches. Sie sagt zu den Dienern: „Was er euch sagt, das tut" (Johannes 2,5). Und er verwandelt das Wasser in besten Wein, so wie er später den Wein in sein Blut verwandeln wird, das vergossen und von jenen getrunken werden wird, die den Tisch des Geistes mit ihm teilen.

Das, was sie sagt, weist über sie selbst hinaus, übersteigt ihr Wissen. So ist es immer mit jenen, die im Geist leben. Sie spricht im Geist, so wie Jesus später im Geist sprechen wird, als sie und seine Brüder draußen warten, um mit ihm zu sprechen. „Deine Mutter und deine Brüder stehen draußen und wollen mit dir sprechen" (Matthäus 12,47).

Wie es scheint, ist sie von nun an immer draußen. Sie folgt ihm auf der Straße, sie wartet, um einen Blick auf ihn zu erhaschen, ihn sprechen zu hören, um selbst zu sehen, zu was für einem Menschen der Heilige Geist ihn geformt hat. Unverzüglich hört und bekommt sie ihre Antwort. Jesus weist auf seine Jünger und sagt: „Das hier sind meine Mutter und meine Brüder. Denn wer den Willen meines himmlischen Vaters erfüllt, der ist für mich Bruder und Schwester und Mutter" (Matthäus 12,49–50). Nun weiß sie es. Er ist letztlich in diese andere Welt unter und in allen Dingen eingegangen, die sein Königreich ist, jenes Mehr der Gegenwart Gottes, die uns im Geist geoffenbart wird. Und sie weiß oder glaubt zu wissen, daß ihr Werk vollendet ist.

Wer den Willen meines himmlischen Vaters erfüllt, der ist für mich Bruder und Schwester und Mutter. Eine treffende Beschreibung für Maria selbst. Begreift sie, als sie an jenem Tag diese Worte hört, daß er sie damit zum Musterbild eines vollkommenen Jüngers macht? Weiß sie, daß er weiß, wie vollkommen sie Gottes Gebote gehalten hat? Weiß sie, daß alle, die Christus in ihrem Herzen tragen und ihn von neuem gebären, damit ihrem Beispiel folgen? Wenn sie es weiß, dann weiß sie es in demselben Geist, der durch ihn spricht; wenn sie es nicht weiß, dann wird sie es später verstehen, als Jesus ihr seinen eigenen „Adoptivsohn" anvertraut, Johannes, den jüngsten der Jünger.

„Frau, siehe, dein Sohn! Dann sagte er zu dem Jünger: Siehe, deine Mutter! Und von jener Stunde an nahm sie der Jünger zu sich" (Johannes 19,26–27). Der „vollkommene" Apostel ist Marias Kind. Sie ist das Vorbild, die eine, die den Sohn Gottes, das Haupt des mystischen Leibes hervorbringt; sie ist die eine, die in demselben Geist auch die Glieder dieses Leibes gebiert.

Nach der furchtbaren dunklen Nacht von Golgatha und dem Licht von Pfingsten, als sie gemeinsam mit den Aposteln gewartet hat, setzt sie mit Johannes nach Patmos über, der sie im Heiligen Geist sieht: sie, die täglich ganz einfach bei ihm lebt. Plötzlich tritt sie in seinen Visionen machtvoll zutage als „eine Frau, mit der Sonne bekleidet; der Mond war unter ihren Füßen und ein Kranz von zwölf Sternen auf ihrem Haupt" (Offenbarung 12,1). Das ist dieselbe, inzwischen sehr viel ältere Frau, die täglich bei ihm sitzt und mit ihm betet und sein Leben teilt.

Und schließlich bleibt nur noch der letzte Abschnitt, an dem alle anderen gemessen werden, als sie in den tiefen Schlaf ihrer Gedanken sinkt und mit Leib und Seele in den Himmel aufgenommen wird, die ewige Mutter des neuen Himmels und der neuen Erde, die Johannes in einer seiner abschließenden Visionen schaut: „Dann sah ich einen neuen Himmel und eine neue Erde; denn der erste Himmel und die erste Erde sind vergangen, auch das Meer ist nicht mehr. Ich sah die heilige Stadt, das neue Jerusalem, von Gott her aus dem Himmel herabkommen; sie war bereit wie eine Braut, die sich für ihren Mann geschmückt hat" (Offenbarung 21,1–2).

Marias Leben ist wie eine Schablone, die man an jeden Mystiker anlegen könnte: eine Verkündigung des Geistes, ein Gebären Gottes, ein Sinn für die Gegenwart des fleischgewordenen Gottes und ein Leben auf den Spuren des menschlichen Gottes von Nazareth nach Golgatha bis hin zu seiner Auferstehung und Himmelfahrt und der Herabkunft des Geistes an Pfingsten. Und die gesamte Zwischenzeit ist Jahreskreis, gewöhnliche Zeit, in der man Gott im eigenen Alltagsleben Mensch werden läßt, Gott nährt und Gott mit anderen teilt. Die gesamte Reise läßt sich in Marias Worten zusammenfassen: „Ich bin die Magd des Herrn; mir geschehe, wie du es gesagt hast" (Lukas 1,38).

Betrachtung

„Adam, der Erste Mensch, wurde ein irdisches Lebewesen.
Der Letzte Adam wurde lebendigmachender Geist."
(1 Korinther 15,45)

Als ich bei Maria saß und dem Bericht ihrer mystischen Reise lauschte, wurde ich unweigerlich zu ihrem Sohn geführt. Es verblüffte mich, daß Christus als lebenspendender Geist die Kirche durchdringt. Der historische Christus ist unser Vorbild, doch der Beweis für die Menschwerdung Gottes ist der lebengebende Geist, der auferstandene Herr, der kosmische und zugleich einwohnende Christus. Sich ausschließlich auf den historischen Christus zu konzentrieren hieße, dem Mysterium der Menschwerdung etwas von seinem Reichtum zu nehmen, ebenso wie der alleinige Blick auf den auferstandenen, lebengebenden Herrn zu einer Art von Spiritualismus führen kann, die das Physische scheut. Der heilige Paulus schreibt über Adam und Christus: „Wie wir nach dem Bild des Irdischen gestaltet wurden, so werden wir auch nach dem Bild des Himmlischen gestaltet werden" (1 Korinther 15,49).

Menschwerdung und Umgestaltung, Tod und Auferstehung, himmelfahrender Herr und herabkommender Geist: das sind die Dimensionen und Parameter unseres Lebens in Gott, das im Leben Jesu Christi für uns greifbar geworden ist. Um erneut den heiligen Paulus zu zitieren: „Aber zuerst kommt nicht das Überirdische; zuerst kommt das Irdische, dann das Überirdische" (1 Korinther 15,46).

Um den historischen Christus zu verstehen, muß man über die Zeiten und Gattungen und die Entstehung der neutestamentlichen Bücher Bescheid wissen; um den auferstandenen, kosmischen Christus zu erkennen, muß man am selben Geist Anteil haben, der die Weisheit Gottes ist. Der Christus der Geschichte erfordert Kenntnisse; der auferstandene Christus erfordert Offenbarung und Vision und Glauben. Das Historische und Menschliche erfordert menschliches Wissen, das Kosmische erfordert göttliches Wissen. Diese beiden Wege des Wissens ergänzen einander, doch der letztgenannte belebt und verwandelt das Menschliche und offenbart so den lebengebenden Geist, der alles Seiende durchdringt.

Jede tiefe und vollständige Lektüre der Schrift muß deshalb von menschlichen Kenntnissen über die Geschichte und Eigenart der einzelnen biblischen Bücher und auch der Bibel als Ganzes getragen sein. Und sie muß vom Heiligen Geist und der Lehre der Kirche getragen sein, die das Werk desselben Geistes ist, der zuerst auf die Apostel und auf die herabkam, die an Pfingsten bei ihnen waren; jenes Geistes, der dann jenen geschenkt wurde, die die Apostel im selben pfingstlichen Geist predigen hörten und so Kirche wurden: eine inspirierte Gemeinschaft von Gläubigen, die durch die Jahrhunderte hindurch denselben Geist miteinander teilen.

Kapitel Zwei

FRANZ VON ASSISI:
DER PRAKTISCHE MYSTIKER
(1182–1226)

Die Tauben sammeln sich schon, obwohl es erst elf Uhr ist, eine günstige Zeit auf der Piazza del Comune. Wenn die Tauben sich sammeln, heißt das, daß die mittägliche Fütterungszeit heranrückt. Wenn die Glocken in der mittelalterlichen Stadt zu läuten beginnen, stolzieren Hunderte von Tauben auf dem Platz umher oder flattern in Wolken auf, um sich gleich wieder niederzulassen. Kinder jubeln, und manche haben ein bißchen Angst, wenn ihre Eltern sie bei der Hand nehmen und in den Teppich von Vögeln hineinführen, die vor dem Minervatempel gefüttert werden. Mittag in Assisi.

In diesem mittäglichen Ritual ist schon viel vom Charakter der Stadt enthalten: die Vögel und die Kinder, die Touristen, die sich umsehen, und die Einheimischen, die an den Außentischen der nahegelegenen Bars sitzen. Eine Prozession von Touristen oder Pilgern geht um die Tauben herum oder durch sie hindurch, und ich fühle mich an den heiligen Franz und die Vögel erinnert: eine gute Gelegenheit, mich selbst in der Szene zu verlieren und mir bewußt zu machen, wo ich bin. Das ist der Geburtsort von Francesco Bernardone, den die Welt als den heiligen Franz von Assisi kennt. *Von Assisi* – diese Worte sagen viel darüber aus, wer er ist und auf wie einzigartige Weise er sein außergewöhnliches Leben gelebt hat.

Die Sonne blendet, als ich von meinem Cappuccino aufsehe und die Tauben beobachte, die nervös umhertrippeln und warten, daß es Mittag wird. Am anderen Ende der Piazza steht der

Brunnen, wo Franz und sein erster Gefährte, Bernhard von Quintavalle, in freigebigem Überschwang Bernhards gesamten Besitz verschenkten und damit den Beginn seines Lebens als armer Büßerbruder von Assisi anzeigten.

Von Assisi. Damals war Assisi eine Stadt, in der die Adligen (die *Maiores* oder Größeren) und Kaufleute geographisch von den Armen (den *Minores* oder Geringeren) getrennt waren. Im höher gelegenen Teil der Stadt ragten die turmbewehrten Häuser der Adligen empor, während die Armen in Unterassisi und die Kaufleute dazwischen wohnten. Im großen und ganzen wurden Ober- und Unterstadt durch die Piazza del Comune, den Hauptplatz, voneinander getrennt. Die rivalisierenden Familien lebten in beständiger Anspannung und Erwartung der nächsten Schlägerei oder regelrechten Schlacht zwischen den verschiedenen Häusern. Als Knabe und junger Mann erlebte Franz diese Spaltungen und diese allgegenwärtige Feindseligkeit und Streitsucht mit, und die Wirklichkeit des Krieges floß wie ein Strom von Blut durch seine frühen Jahre.

Das war sein Assisi, und ebenso vertraut waren ihm auch die nicht enden wollenden Auseinandersetzungen zwischen den Anhängern des Papstes und denen des Kaisers, den päpstlichen Guelfen und den kaiserlichen Ghibellinen, deren Kämpfe um die Vorherrschaft eine Stadt nach der anderen zerrissen und die Städte gegeneinander aufbrachten. Noch heute sind ihre festungsartigen Wälle stumme Zeugen der lärmenden Zwietracht vergangener Zeiten.

Ich verlasse die Tauben und den Brunnen und gehe zur Piazza der heiligen Klara. Von dort aus sieht man Assisis eigene Festungswälle, die Rocca Maggiore, Symbol der kaiserlichen Macht über Assisi und sein Umland. Die Rocca Maggiore und die Gewalt, die sie symbolisiert, bereiten Franziskus auf Rittertum und Krieg vor, und so zieht er denn auch in den Krieg – um gleich in der ersten Schlacht zwischen Assisi und dem rivalisierenden Perugia am Ponte San Giovanni gefangengenommen zu werden. Gefangenschaft und Haft und, als er schließlich freikommt, ein einjähriges Krankenlager bereiten den Boden für seine innere Reise, so wie Gewalt und Krieg die äußere Reise des jungen Franz vorbereitet hatten, die er wieder aufnimmt, sobald es ihm besser geht. Doch nur eine Tagereise von Assisi entfernt hat Franz das erste seiner Erlebnisse mit Träumen und Stimmen, die ihn zutiefst verändern. Die mystische Reise beginnt.

Doch eins nach dem anderen. Noch sehe ich empor zur Rocca Maggiore, deren Höhen Franz erreichen wollte. Statt dessen sollte er wieder und wieder von diesen Höhen herabsteigen, bis er schließlich den Gottesberg La Verna bestieg, um dort dem sechsflügeligen Seraph mit dem Körper eines gekreuzigten Mannes zu begegnen – doch das alles kommt später. Zuerst einmal muß er geboren werden und leben. Das sind die bloßen Konturen dieser Geschichte, die wir mit Leben füllen werden, wenn wir uns der Mystik des heiligen Franz zuwenden.

Francesco Bernardone wurde 1182 in der umbrischen Stadt Assisi geboren und auf den Namen Johannes getauft. Zum Zeitpunkt seiner Taufe war sein Vater auf einer Geschäftsreise nach Frankreich; als er von dort zurückkam, änderte er den Namen seines Sohnes in Francesco, „Franzose".

Der Junge machte diesem Namen alle Ehre und wuchs mit der Liebe zur französischen Sprache und den Geschichten von Rittern und ihren Damen aus den französischen Ritterromanen auf. Er war ein sorgloser und großzügiger junger Mann, der sein gutes Leben genoß und mit seinen Freunden feierte und zechte. Doch bei all diesem Leichtsinn seiner jungen Jahre träumte er doch davon, ein Ritter zu werden – ein ernstes und blutiges Geschäft. Und als zwischen Assisi und der Nachbarstadt Perugia ein Krieg ausbrach, nutzte er die Gelegenheit, als Ritter der Stadt Assisi in den Krieg zu ziehen – nur um in perugianische Kriegsgefangenschaft zu geraten, als Assisi gleich im allerersten Scharmützel besiegt wurde.

Wie hätte er ahnen sollen, daß diese demütigende Niederlage seiner Heimatstadt für ihn bereits das Ende des Krieges sein würde? Wie hätte er ahnen sollen, daß das Jahr der Gefangenschaft in einem perugianischen Gefängnis ihn zutiefst verändern würde? Und daß er, gerade 21 Jahre alt, als gebrochener Mann nach Assisi zurückkehren und ein Jahr im Bett verbringen würde? Ein Jahr im Gefängnis, ein Jahr im Bett. Er, der reichste Jüngling von Assisi, ein Mann, den seine Gefährten den „König der Gastmähler" genannt hatten, Franziskus, der Sohn des Stoffhändlers Pietro Bernardone und der Französin Donna Pica.

Als Ritter der päpstlichen Armee sollte er noch einmal versuchen, gegen die Streitkräfte des Heiligen Römischen Reichs in den Krieg zu ziehen, doch Gott hatte andere Pläne und forderte Franz in einer Vision auf, nach Assisi zurückzukehren, wo ihm geoffenbart werden würde, was er tun solle. Also zog sich Franziskus vom Kriegsgeschäft zurück, und als er eines Tages vor dem Kruzifix der baufälligen kleinen Kapelle von San Damiano vor den Mauern von Assisi betete, erreichte ihn Gottes Ruf. Vom Kruzifix herab vernahm er die Stimme: „Franz, geh und bau mein Haus wieder auf, das, wie du siehst, gänzlich verfällt."[1]

Franz sollte aufbauen, wiederherrichten, und nicht mit Waffen der Zerstörung niederreißen. So begann er um Steine zu betteln und setzte mit seinen eigenen Händen die Ruinen der Kapelle von San Damiano instand, das „Haus", auf das sich die Vision seiner Meinung nach bezogen hatte. Es war dieses Haus, dieses kleine Gotteshaus, doch es war noch mehr. Er sollte ein noch größeres Haus wiederherstellen: die katholische Kirche.

Diese umfassendere Bedeutung seiner Vision wurde Franziskus eines Tages klar, als er auf der Straße einem Aussätzigen begegnete und impulsiv von seinem Pferd herabsprang, dem Aussätzigen Geld gab und ihn umarmte. Zu seiner Überraschung fühlte er keinen Abscheu, sondern nur eine übergroße Freude, weil er begriff, daß er seinen Herrn umarmt hatte: Jesus Christus.

Und so kam es, daß Franziskus unter den Aussätzigen lebte, ihnen diente und von ihnen lernte. Sie, das verstand er nun, waren lebendige Steine, und gemeinsam errichteten sie das Reich Gottes auf Erden. Gott war unter den Ausgestoßenen, den Verachteten, den Armen.

Das war der Anfang des franziskanischen Wiederaufbaus der Kirche. Bald gesellten sich andere zu Franziskus hinzu; sie wurden eine Bruderschaft, und die Kirche billigte ihre Lebensweise: im Wortsinn des Evangeliums als Arme unter Armen zu leben. Franz und die Brüder predigten und arbeiteten mit ihren Händen für das tägliche Brot, und wenn sie für ihre Arbeit nichts bekamen, dann bettelten sie um Lebensmittel. Nach wie vor lebten sie unter den Aussätzigen und schlossen Frieden mit ihnen und mit allen Menschen und mit der ganzen Schöpfung, indem sie Frieden mit ihrem eigenen Abscheu schlossen: Sie umarmten die Leprakranken, statt vor ihnen davonzulaufen.

Auch Frauen stießen zu ihnen; die erste war Klara, die Tochter des Ritters Favarone aus Offreduccio. Der Bischof von Assisi gab Klara und ihren Gefährtinnen San Damiano zum Kloster, die Kirche, die Franz mit seinen eigenen Händen wiederaufgebaut hatte. Dort lebten sie in äußerster evangelischer Armut in Betrachtung des armen gekreuzigten Christus. Sie arbeiteten mit ihren Händen und waren von dem abhängig, was die Brüder für ihren Lebensunterhalt erbettelten. Sie beteten für die Kranken, die an ihre Schwelle gebracht wurden, und pflegten sie.

In der Zwischenzeit dehnte Franziskus die Aktivitäten der Brüder über Assisi hinaus auf ganz Italien und noch weiter aus. Er selbst begab sich mit einem oder zwei Brüdern auf Missionsreisen und predigte Umkehr und Vergebung, die er als *den* Weg schlechthin zum Frieden betrachtete. Er reiste nach Spanien, Frankreich, in die Schweiz, nach Dalmatien und während des Fünften Kreuzzugs sogar nach Syrien, ins Heilige Land und nach Ägypten. Er versuchte zwischen Christen und Muslimen Frieden zu stiften und wagte sich sogar in das Feldlager des Sultans, wo er erneut Bekehrung des Herzens und Vergebung predigte; der Sultan hörte ihm zu und gab Franziskus in seinem Königreich freies Geleit.

Auch der Welt der Tiere und Pflanzen galt Franz' mitfühlende Liebe. Der ganzen Schöpfung reichte er die Hand, und seine Ehrfurcht galt allen geschaffenen Dingen. Er predigte Tieren und Vögeln und Fischen. Er umarmte und zähmte den reißenden Wolf von Gubbio.

Stets verkündete er den Gott-Menschen Jesus Christus und versuchte ihn sichtbar und greifbar zu machen – wie drei Jahre vor seinem Tod, als er in Nachahmung der ersten Weihnacht eine Mitternachtsmesse mit lebenden Tieren feierte und damit die Tradition der Weihnachtskrippe populär machte.

Im darauffolgenden Jahr empfing Franz, auf dem Berg La Verna in der Toskana tief ins Gebet versunken, die heiligen Stigmata, die fünf Wunden Christi, und wurde damit selbst zu einem sichtbaren Bild seines gekreuzigten Herrn.

Wenig später sang er seinen „Sonnengesang", den Schwanengesang, der sein Leben zusammenfaßt und zeigt, welchen Frieden, welche Freude und welchen Einklang ein Leben in Liebe und Vergebung stiften kann. Er sang von allen Geschöpfen als seinen Brüdern und Schwestern und bat sie, einander zu vergeben, damit sie von Gott gekrönt werden. Dann hieß er selbst den Tod als Schwester willkommen und umarmte ihn.

Der Mann, der davon geträumt hatte, ein Ritter zu sein, ein Mann des Krieges, starb als ein Mann des Friedens – im Frieden mit Gott, mit sich selbst und mit der gesamten Schöpfung. Gott verwandelte sein Herz, und dieses verwandelte Herz verwandelte die Welt.

Die Mystik des heiligen Franziskus war kein Fremdkörper, sondern ein natürlicher Bestandteil seines katholischen Lebens aus den Sakramenten und dem Evangelium. Franz' Vertrautheit mit Gott war eine Erfahrungskategorie, die untrennbar mit seinem Leben verbunden ist, das er im Schoß der katholischen Kirche und im Geist des Evangeliums geführt hat.

Zwar wurden ihm zu Beginn, als er noch „in der Welt" war, wie er selbst es nannte, ekstatische Träume und Visionen zuteil: Christus, der vom Kruzifix in San Damiano zu ihm sprach, und

Christus, der ihm in dem Aussätzigen begegnete. Doch selbst in dieser Phase zogen seine Visionen und Träume Franz nicht in sich selbst, sondern in das Mysterium der Kirche hinein. „Geh", sprach die Stimme vom Kruzifix herab, „und bau mein Haus wieder auf, das, wie du siehst, gänzlich verfällt." Und Franz ging hinaus und bettelte um Steine, um die ramponierte Kapelle von San Damiano und schließlich das größere Haus der ganzen Kirche wieder instandzusetzen. Und als er Christus in einem Aussätzigen sah, ging Franz und lebte unter den Aussätzigen. „Und der Herr selbst führte mich unter sie", schreibt Franz in seinem Testament, „und ich übte Barmherzigkeit an ihnen."[2]

Die Heimsuchungen des Herrn veranlaßten Franz dazu, nicht in sich selbst verschlossen, sondern mit anderen gemeinsam Kirchen zu bauen und Kirche zu sein. Und ebenso erwuchsen die inneren Bekehrungen, die er erlebte, und sein lebenslanger Weg in den Fußstapfen Christi aus den Antworten, die er insbesondere bei zwei Gelegenheiten, im Februar und im April des Jahres 1208, auf das Evangelium gab.

Die erste Gelegenheit war das Evangelium am Fest des heiligen Matthias, dem 24. Februar. Nach der Messe bat Franz, den der biblische Text sehr erschüttert hatte, den Priester, ihm das Evangelium zu erklären, und der Priester tat es, Zeile für Zeile. Als Franz hörte, was Christus von seinen wahren Jüngern verlangte: „Steckt nicht Gold, Silber und Kupfermünzen in euren Gürtel. Nehmt keine Vorratstasche mit auf den Weg, kein zweites Hemd, keine Schuhe, keinen Wanderstab" (Matthäus 10,9–10), wurde er von Freude erfüllt und rief aus: „Das ist es, was ich will; das ist es, was ich von ganzem Herzen ersehne!"[3] Und ohne zu zögern begann er, nach diesem Christuswort zu leben.

Das ist Franziskus, der praktische Mystiker – einer, der von ganzem Herzen auf Gottes Wort reagiert und in dessen Reaktion sich Gott geoffenbart hat. Ein solcher Mystiker kann mit Gottes Gnade jeder sein. Der praktische Mystiker besitzt kein Geheimwissen über Gott: Sein Wissen über Gott besteht darin, daß er den Willen Gottes erfüllt.

In seinem „Brief an die Gläubigen" schreibt Franz über diese praktische Mystik für jedermann:

Wir sind seine Braut, wenn unsere gläubige Seele durch den Heiligen Geist mit Jesus Christus vereint wird; wir sind seine Brüder und Schwestern, wenn wir den Willen seines Vaters tun, der im Himmel ist, und wir sind ihm Mutter, wenn wir ihn durch Liebe und ein reines und aufrichtiges Gewissen in unseren Herzen und Seelen tragen und ihn gebären, indem wir Gutes tun.[4]

Das ist eine Mystik für jedermann. Das ist eine Mystik, die Franz allen Gläubigen anbietet, eine Mystik, die er durch seine eigene Lebensweise veranschaulicht. Der franziskanische Mystiker ist der ganz normale christliche Mystiker, der Bruder, Schwester, Braut und Mutter Christi ist, indem er durch den Heiligen Geist treu den Willen Gottes erfüllt, Christus in Liebe und durch Liebe und durch ein reines und aufrichtiges Gewissen in sich trägt und ihn durch die praktische Nächstenliebe zur Welt bringt. In alledem ist Vertrautheit mit Gott, und eine Vertrautheit mit Gott, die zur Nächstenliebe führt, ist praktische Mystik.

Es ist interessant, daß Franz' Antwort innerhalb eines liturgischen Rahmens erfolgt und daß er den Priester um eine Erklärung bittet, ehe er das Wort Gottes in die Tat umsetzt. Seine persönliche Antwort auf das Evangelium hatte begonnen und wurde durch das während der Messe verlesene Evangelium beschleunigt.

Am 16. April desselben Jahres wandte sich der Sohn eines wohlhabenden Adligen aus Assisi, Bernhard von Quintavalle, an Franz, um von ihm zu erfahren, wie auch er nach Franziskus' Beispiel „der Welt entsagen" könne. Franz antwortete, sie müßten Gott um Rat fragen. Die beiden gingen zur Kirche des heiligen Nikolaus in Assisi, und nachdem sie gebetet hatten, schlug Franziskus dreimal das Meßbuch auf, um Gottes Willen zu erfahren.

Die erste Bibelstelle, die er aufschlug, war: „Wenn du vollkommen sein willst, geh, verkauf deinen Besitz und gib das Geld den Armen" (Matthäus 19,21); die zweite: „Nehmt nichts mit auf den Weg" (Lukas 9,3); und die dritte: „Wer mein Jünger sein will, der verleugne sich selbst, nehme sein Kreuz auf sich und folge mir nach" (Matthäus 16,24). Und Franziskus sagte: „Das ist unser Leben und unsere Regel und die Regel all derer, die sich unserer Gesellschaft anschließen wollen."[5]

Wieder ist es das Wort Gottes im liturgischen Meßbuch, das Franziskus und Bernhard zu Rate ziehen. Was die drei aufgeschlagenen Bibelstellen ihnen offenbaren, wird zu ihrer Lebensregel – nicht nur für Bernhard und Franz, sondern für alle, die sich ihnen zugesellen werden. Als Bernhard sich ihm anschloß und die Offenbarung, die Franz am Fest des heiligen Matthias empfangen hatte, damit gewissermaßen ihre Bestätigung fand, sah Franz vor seinem inneren Auge eine Gemeinschaft von Menschen, die wie er und Bernhard nach dieser biblischen Lebensregel leben würden. Innerhalb der Parameter dieser Regel, die die Kirche in der Person Papst Innozenz' III. offiziell billigen sollte, erfuhren Franz und andere, die sich an diesem heiligen Unternehmen beteiligten, durch die Verwandlung in Christus eine tiefe Gottesvertrautheit.

Am dramatischsten bestätigte sich diese Vertrautheit an Franziskus' eigenem Leib, als er im September 1224 auf dem Berg La Verna die Stigmata empfing: zwei Jahre vor seinem Tod und sechzehn Jahre, nachdem Franz und Bernhard den Lebensweg angetreten hatten, der ihnen beim Aufschlagen des Meßbuchs geoffenbart worden war.

Auch diese Erfahrung fand innerhalb der Bruderschaft und der Gemeinschaft statt, die die Kirche ist, denn Franz hatte sich zurückgezogen, um sich auf das Fest des heiligen Erzengels Michael vorzubereiten. Wie das Leben der Brüder eine Intensivierung des Lebens aller Christen war, so war Franziskus' Leben eine Intensivierung des evangelischen Lebens, das die Brüder in der Gemeinschaft lebten.

Die heiligen Stigmata sind die dramatische visuelle Darstellung des heiligen Franziskus als eines Menschen, der, wie der Hebräerbrief es beschreibt, von Gottes Wort verwundet worden ist: „Denn lebendig ist das Wort Gottes, kraftvoll und schärfer als jedes zweischneidige Schwert; es dringt durch bis zur Scheidung von Seele und Geist, von Gelenk und Mark" (Hebräer 4,12). Und bei Jesaja heißt es: Mein Wort „kehrt nicht leer zu mir zurück, sondern bewirkt, was ich will, und erreicht all das, wozu ich es ausgesandt habe" (Jesaja 55,11).

Natürlich erfüllen sich diese Worte in allen Mystikern, doch die Art, wie der heilige Franziskus auf Gottes Wort reagiert, ist von einer geradezu dramatischen Schnelligkeit. Er hört Gottes Wort und führt es aus: ohne Vorbehalt, ohne Kalkül, ohne Umschweife.

„Geh und baue mein Haus wieder auf, das, wie du siehst, gänzlich verfällt", verlangt die Stimme vom Kruzifix in San Damiano herab; Franziskus geht hinaus, eilt zum Geschäft seines Vaters, nimmt einen Ballen kostbarsten Stoffs, sattelt eine der wertvollen Stuten seines Vaters und reitet in die Nachbarstadt Foligno. Dort verkauft er den Stoff und das Pferd und kehrt mit einer Tasche voller Geld für den Priester von San Damiano zurück nach Assisi, damit der die kleine Kirche wiederaufbauen kann.

Als der kluge Priester – womöglich aus Furcht vor dem Zorn des Vaters – das Geld ablehnt, läßt Franziskus sich nicht entmutigen: Er wirft den Geldbeutel aufs Fensterbrett und geht hinauf nach Assisi, wo er um Steine bettelt, um die Kirche eigenhändig instandzusetzen. Er hörte die Worte, nahm sie zunächst wörtlich, und setzte sie in die Tat um. Er beginnt mit Steinen für eine kleine Kapelle; und am Ende wird er die Kirche selbst wiederherstellen. Aus dem wörtlichen Sinn wird etwas Größeres; für Franz ist der Wortsinn symbolisch und das Symbolische wörtlich.

Jedesmal, wenn er das Wort Gottes hört, reagiert er umgehend, nimmt die Aufforderung wörtlich und setzt sie in die Tat um. Doch gerade dadurch erfüllt sich etwas Größeres. „Selig, die arm sind vor Gott; denn ihnen gehört das Himmelreich" (Matthäus 5,3). Also versucht Franz, arm vor Gott zu sein, doch er geht noch weiter. Er sprengt den Rahmen und verzichtet auf all seinen Besitz; er verläßt Assisis schützende Mauern und lebt außerhalb der Stadtbefestigung buchstäblich unter den Ärmsten der Armen: den Aussätzigen. Andere folgen ihm auf diesem Lebensweg, und bald beginnt in einem sumpfigen Tal unterhalb von Assisi das Himmelreich auf Erden Wirklichkeit zu werden. Dann breitet sich das Himmelreich über ganz Italien und Europa, den Mittleren Osten und schließlich die ganze Welt aus. Franz antwortet, und das Wort Gottes kehrt nicht leer zu Gott zurück, sondern hat sich verhundertfacht.

Franziskus tritt in die Fußstapfen Jesu, und genau daran scheitern die meisten von uns. Wir wollen in die Fußstapfen Jesu treten, doch wir wissen schon im voraus, wohin sie uns führen, und wir haben Angst davor. Wir zögern.

Der Unterschied zwischen uns und Heiligen und Mystikern wie dem heiligen Franz von Assisi ist ein dreifacher: Erstens haben die Mystiker ein Wort gehört, das über das hinausgeht, was wir aus der Schrift heraushören; sie hören buchstäblich eine innere oder äußere Stimme, die sie auf eine Reise der Liebe einlädt. Zweitens verlieben sich die Mystiker in Gott, den sie auf eine vertraute und mitunter überwältigende Weise erfahren. Drittens sind sie in gewisser Weise bereits ein fruchtbarer Boden, in dem die Saat des Wortes Gottes wächst und reiche Frucht bringt (vgl. Matthäus 13,9).

Wir alle sind eingeladen, ein fruchtbarer Boden für das Wort Gottes zu sein, und wir alle sind in der Taufe ein solcher fruchtbarer Boden geworden. Wir alle haben Gottes Wort in der Schrift, in der Natur und im Gebet vernommen, und wir alle erfahren insbesondere in den Sakramenten (den äußeren Zeichen einer tiefen, inneren Realität) die vertraute Nähe Gottes. Der Unterschied besteht zum einen in der Aufrichtigkeit unserer Antwort und zum anderen darin, wie sehr uns das, was da mit uns geschieht, wirklich bewußt ist. Das Himmelreich ist schon jetzt in uns und um uns herum, doch weil die Reaktion unseres Herzens und unseres Handelns oft nur lau ist, haben wir keine Augen, um zu sehen, und keine Ohren, um zu hören.

Die Mystiker dagegen kultivieren ihre Aufmerksamkeit. Sie lauschen auf das Wort Gottes; und wenn sie es hören, antworten sie mit konkreten und nicht selten heroischen Taten. Ein Mystiker ist also jemand, der uns übrigen zeigt, wer wir wirklich sind, wer wir werden könnten, wenn wir nur das Geschenk Gottes, das bereits in uns ist, wahrnähmen und in unserem konkreten Alltag auf Gottes großes Liebesgeschenk antworteten. Der Mystiker zeigt uns, was man tun muß, damit Gottes Wort nicht leer zu Gott zurückkehrt. Der Mystiker enthüllt das Geheimnis – ein Geheimnis, das in jedem von uns steckt – und führt uns vor Augen, wie es aussieht und was es bewirkt.

Bei alledem darf man jedoch nicht vergessen, daß Gott es ist, der die Initiative ergreift – sowohl im Leben des gewöhnlichen Gläubigen als auch im Leben des Mystikers. Wir können Gottes Hand nicht zwingen oder Gott dazu überreden, uns zu Mystikern zu machen. Doch hat er einmal die Initiative ergriffen, verwandelt sich das Herz des Mystikers, und er oder sie verliebt sich in Gott.

Im Fall des heiligen Franziskus war es der arme gekreuzigte Christus, der vom Kruzifix herab zu ihm sprach; deshalb umarmte er jeden Armen, dem er begegnete, und jeden, der von der Last des Lebens oder der Bosheit der Menschen „gekreuzigt" war, als wäre er Christus selbst. Caryll Houselander, eine englische Mystikerin des 20. Jahrhunderts, sah Christus mehrfach ganz real in anderen Menschen, und ich vermute, daß auch der heilige Franziskus ähnliche Erfahrungen gemacht hat, als er unter den Aussätzigen lebte und Barmherzigkeit an ihnen übte.

Natürlich hatte Franz wie auch die anderen Mystiker, die in diesem Buch vorgestellt werden, Visionen – die erste davon als junger Ritter, der in einem Regiment der Stadt Assisi nach Süditalien marschierte, um unter Walter von Brienne in der päpstlichen Armee zu kämpfen. Die erste Nacht nach dem Aufbruch verbrachte man in der Stadt Spoleto unweit von Assisi; dort träumte Franz von einer großen Burghalle, deren Wände von vielen Schilden geschmückt waren, und von einer Stimme, die ihm versicherte, diese Schilde seien für ihn und seine Anhänger bestimmt. Franz nahm das wörtlich und dachte, er würde ein großer Kriegsherr werden. Dann aber sprach die Stimme weiter.

„Was ist besser, Franz, dem Herrn zu dienen oder dem Knecht?"

„Dem Herrn natürlich."

„Warum dienst du dann dem Knecht? Kehre zurück nach Assisi, und dir wird gezeigt werden, was du tun sollst."[6]

Und so kehrte Franz als ein Fahnenflüchtiger, ein vermeintlicher Feigling oder Verrückter in seine Heimatstadt zurück, wo seine Mitbürger ihn verlachten.

Er begann in Höhlen und verlassenen Kirchen zu beten, und ihm wurde gezeigt, was er tun sollte. Das Kruzifix von San Damiano sprach zu ihm, und etwas später, als er außerhalb der Stadt über die Straße ritt, sah er einen Aussätzigen am Wegesrand stehen. Das Unerklärliche geschah: Er stieg vom Pferd, gab dem Aussätzigen Geld und umarmte ihn! Als er sein Pferd wieder bestieg und heimreiten wollte, blickte er noch einmal zurück und sah niemanden mehr. Da begriff er, daß er Christus umarmt hatte, und begann, unter den Aussätzigen zu leben.

Nur ein Verrückter oder ein Verliebter würde so etwas tun. Franz war in gewissem Sinne beides; er war wie verrückt in Christus verliebt. Von seiner schmählichen Rückkehr aus Spoleto bis zu seiner Umarmung des Aussätzigen hatte sich dieser Mann, der in der Umgebung von Assisi umherzog und in Höhlen und verlassenen Kapellen predigte, in Christus verliebt. Von nun an war sein Leben nur eine liebende Antwort auf eine Liebe, die ihn zuerst geliebt hatte. Er wollte seinem Geliebten so ähnlich werden wie nur möglich, in seine Fußstapfen treten, auf seine Worte hören, lieben, wie Christus geliebt hatte.

Das Streben nach vertrauter Christusnähe und Christusähnlichkeit ist der Grund für das, was an Franziskus so radikal erscheint. Er hörte eine Stelle aus dem Evangelium wie „Wer nicht sein Kreuz auf sich nimmt und mir nachfolgt, ist meiner nicht würdig" (Matthäus 10,38), und von diesem Moment an versuchte er jedes Kreuz zu umarmen, das ihm begegnete, um den Worten des Geliebten gehorsam zu sein. Worte wie „Seht euch die Vögel des Himmels an: Sie säen nicht, sie ernten nicht und sammeln keine Vorräte in Scheunen; euer himmlischer Vater ernährt sie" (Matthäus 6,26) nahm er wörtlich, und so wurden die Vögel seine Brüder und Schwestern. Er sprach mit ihnen; er segnete sie; er gestaltete das Leben seiner Bruderschaft nach ihrem Vorbild. Und weil die Brüder wichtiger waren als die Vögel (Matthäus 6,26), würde der himmlische Vater, das wußte Franz, für diejenigen sorgen, die ihr Leben gewannen, indem sie es verloren (Matthäus 10,39).

Jesus selbst hatte wie die Vögel gelebt, und Franz war in Jesus verliebt. So lebten die Apostel und Jünger, und Franz und seine Brüder würden es ebenso halten.

In seinen Schriften spricht Franziskus nie davon, Christus nachzuahmen; statt dessen benutzt er die Wendung „in die Fußstapfen Christi treten"; Christus hatte seine Jünger nicht zur Nachahmung, sondern zur „Nachfolge" (Matthäus 10,38) aufgefordert. In der Nachfolge Christi wird das Selbst, das man verloren zu haben glaubt, in Wirklichkeit gefunden, und man tritt als ganzes und verwirklichtes Selbst in die Fußstapfen Christi.

Das ist im großen und ganzen die Geschichte von Franz von Assisi, und es ist die Geschichte des Evangeliums, das er, so gut er nur konnte, in seinem Leben umgesetzt hat. Den Kontext dieses besonderen evangelischen Lebens bildeten Visionen und Stimmen, die in Franz' mystischer Erfahrung auf dem Berg La Verna gipfelten und mit den Wundmalen Christi besiegelt wurden. Als er vom La Verna herabkam, war er ein Stigmatisierter, der die verbleibenden zwei Jahre seines Lebens in inniger und qualvoller Nähe zur Passion Christi verlebte. Was war das für eine mystische Erfahrung, die er auf dem La Verna erlebte, und was war das für ein Kreuzweg, den er danach beschritt?

1224 beschloß Franziskus, der bereits sehr krank war – vermutlich litt er an einer Art tuberkuloider Lepra, und seine Augen bluteten infolge eines Trachoms, das er sich auf dem Fünften Kreuzzug zugezogen hatte –, sich auf den fast 100 Meilen weiten Weg von Assisi ins toskanische La Verna zu begeben – und zwar zu Fuß!

Vorfälle im Orden wie der Bau von Klöstern, den er als Verrat an der von den Brüdern gelobten evangelischen Armut ansah, hatten ihn entmutigt; er war besorgt, weil der Papst zu einem neuen Kreuzzug aufgerufen hatte. Wie viele Opfer würde er kosten, wie viele Spaltungen würde er auslösen? Und was würde aus seinem Freund, dem Sultan Malek al-Kamil, dem Franz versprochen hatte, für ihn zu beten, als er das Feldlager des Sultans verließ?

Die Einkehrtage auf dem La Verna waren als Vorbereitung auf das Fest des heiligen Michael am 29. September gedacht, und um das Fest der Kreuzerhöhung am 14. September herum wurde ihm eine außerordentliche mystische Erfahrung zuteil, die der liturgische Kalender der Franziskaner heute am 17. September begeht.

Der heilige Bonaventura beschreibt das Ereignis so:

Als er nun eines Morgens um das Fest Kreuzerhöhung am Bergeshang betete, sah er einen Seraph mit sechs feurigen, leuchtenden Flügeln von des Himmels Höhen herabschweben. Da er in blitzschnellem Fluge dem Orte nahegekommen war, wo der Gottesmann betete, schaute Franziskus zwischen den Flügeln die Gestalt eines Gekreuzigten, dessen Hände und Füße zur Kreuzesgestalt ausgestreckt und ans Kreuz geheftet waren. Zwei Flügel waren über dem Haupte ausgespannt, zwei zum Fluge ausgebreitet, und zwei verhüllten den ganzen Körper. Bei diesem Anblick war Franziskus sehr bestürzt; Freude und Trauer zugleich erfüllten sein Herz. Die liebevolle Erscheinung, bei der er Christi Blick auf sich ruhen sah, durchströmte ihn mit Freude; doch der Anblick seines Kreuzleidens durchbohrte seine Seele mit dem Schwert schmerzlichen Mitleidens.

(...) Schließlich erkannte er durch eine Offenbarung des Herrn, die göttliche Vorsehung lasse ihm deswegen diese Erscheinung zuteil werden, damit er schon jetzt wisse, nicht der Martertod des Leibes, sondern die Glut des Geistes müsse ihn als Freund Christi ganz zum Bild des gekreuzigten Christus umgestalten. Als sich das Gesicht seinen Augen entzogen hatte, blieb in seinem Herzen jenes wunderbare Feuer zurück, prägte aber auch seinem Leibe ein nicht minder wunderbares Bild der Wundmale ein. Sogleich wurden nämlich an seinen Händen und Füßen die Wundmale der Nägel sichtbar, wie er sie soeben an jenem Bild des Gekreuzigten geschaut hatte. Hände und Füße schienen in ihrer Mitte von Nägeln durchbohrt; ihr Kopf zeigte sich an den Handflächen und an den Risten der Füße, ihre Spitze aber an der Gegenseite. Die Nagelköpfe an Händen und Füßen waren rund und schwarz, ihre Spitzen länglich, etwas gebogen und gleichsam umgeschlagen; sie wuchsen aus dem Fleisch heraus und ragten darüber hinaus. An der rechten Seite klaffte eine rote Wunde, als wäre sie von einer Lanze durchstochen; aus ihr floß oft Blut hervor, so daß sein Habit und seine Hose davon benetzt wurden.[7]

Von diesem Moment an begriff Franziskus, daß seine Sehnsucht nach dem Martyrium sich anders erfüllt hatte und auch weiterhin anders erfüllen würde, als er es erwartet und gewollt hatte. Sein Martyrium bestand darin, daß er im Angesicht der Verfolgung – selbst wenn es seine eigenen Brüder waren, die ihn verfolgten – ein Mann des Friedens bleiben mußte, ein Mann des Friedens selbst im Krieg, in den Kreuzzügen, in Not und Armut, in Krankheit, Entmutigung und Verzweiflung. Es war ein inneres Martyrium, das ihn auf eine so intensive und innige Weise in Christus verwandelte, daß die Wunden Christi von innen hervorbrachen und so nach außen drang, was Franziskus innerlich bereits war.

Er hatte es sich bereits zur Gewohnheit gemacht, an der Außenseite seines Gewandes Stücke aus weichem Stoff anzubringen, wenn er aus gesundheitlichen Gründen gezwungen war, direkt auf der Haut ein weicheres Tuch zu tragen: Die Leute sollten sehen, daß er seine Haut mit weicheren Stoffetzen vor der rauhen Kutte schützte. Franz hatte immer großen Wert auf Ehrlichkeit gelegt – er wollte nach außen hin nicht anders erscheinen, als er in seinem Inneren war. Auch dies war eine Art Martyrium des Geistes. Und schließlich machte Gott an seinem Fleisch offenbar, was Franz im Geist bereits geworden war: ein gekreuzigtes Gotteskind.

Die Stigmata kamen erst am Ende, zwei Jahre vor Franziskus' Tod; sie waren das Ergebnis eines lebenslangen Martyriums, das darin bestand, unter allen Umständen ein Mann des Friedens zu bleiben, Frieden zu wahren, während andere (buchstäblich oder im übertragenen Sinn) zu den Waffen griffen, um sich gegen ihre „Feinde" zu wehren. Es war ein Martyrium, das darin bestand, die zu umarmen, von denen andere sich abgestoßen fühlten; es war jenes Martyrium, das in den Worten Jesu beschrieben wird: „Liebt eure Feinde; tut denen Gutes, die euch hassen" (Lukas 6,27). Sein Leben lang hatte Franziskus die Weisungen des Evangeliums so vollständig umgesetzt, daß er für seine eigene Zeit und für alle Zeiten zu einem Ebenbild Christi wurde.

Der heilige Franz hat nie über seine mystischen Erfahrungen geschrieben – es sei denn, um zu berichten, was der Herr ihm aufgetragen oder wohin der Herr ihn geführt hatte. In seinem Testament schreibt er zum Beispiel: „Denn ich, der ich in Sünden war, dachte, es sei bitter, Aussätzige anzusehen, und der Herr selbst führte mich unter sie, und ich übte Barmherzigkeit an ihnen. Und als ich ihre Gesellschaft verließ, begriff ich, daß das, was mir bitter erschienen war, sich in Süße der Seele und des Leibes gewandelt hatte."[8]

Andere Mystiker jedoch halten ihre innersten Gotteserfahrungen schriftlich fest, und die Muster und Inhalte, die wir von ihnen lernen, lassen sich auch auf diejenigen Mystiker übertragen, die ihre Erfahrungen nicht beschrieben haben. Das gilt auch für den heiligen Franz, der die verborgenen Dinge Gottes verborgen hielt. Zwar haben andere über ihn geschrieben, doch Franziskus selbst hat seine innersten Gotteserfahrungen niemals niedergeschrieben. In seiner 28. Ermahnung sagte er zu seinen Brüdern:

> Selig seid ihr Diener, die ihr euch von dem, was der Herr euch zeigt, Schätze im Himmel anlegt (vgl. Matthäus 6,20) und nicht den Wunsch habt, es anderen zu zeigen, weil ihr euch vom Schatz des Herrn persönlichen Gewinn erhofft. Denn derselbe Allerhöchste wird eure Werke kundtun, wem immer es Gott gefällt. Selig also seid ihr Diener, die ihr die Geheimnisse des Herrn in eurem Herzen bewahrt (vgl. Lukas 2,19.51; Lukas 8,15).[9]

Und der heilige Bonaventura zitiert den heiligen Franziskus in seiner *Legenda Maior* wie folgt:

> Wenn der Herr euch im Gebet besucht, solltet ihr sagen, „Herr, du hast mir diese Tröstung vom Himmel gesandt, obwohl ich ein Sünder und unwürdig bin, und ich vertraue sie deiner Obhut an, weil ich mich wie ein Dieb deiner Schätze fühle." Und wenn ihr vom Gebet kommt, solltet ihr nur wie ein armer kleiner Sünder und nicht wie jemand erscheinen, der von Gott besonders begnadet worden ist.[10]

Beide Zitate zeugen von der Demut des heiligen Franziskus, der, obwohl seine Stigmatisierung zu den berühmtesten mystischen Erfahrungen des Mittelalters gehört, niemals davon sprach und auch nichts von dem niederschrieb, was der Herr ihm in diesem innigen Austausch auf dem Berg La Verna anvertraute. Doch es gibt ein Gebet, das der heilige Bernhardin von Siena und Ubertino da Casale Franziskus zuschreiben, und das Bände spricht von dem, was der Heilige auf dem La Verna erfahren hat:

> Möge die feurige und honigsüße Macht deiner Liebe, o Herr, mich von allen Dingen unter dem Himmel entwöhnen, so daß ich aus Liebe zu deiner Liebe sterben möge, der du dich herabgelassen hast, aus Liebe zu meiner Liebe zu sterben.[11]

Das ist die Quintessenz des praktischen Mystikers Franz von Assisi.

Betrachtung

Die Augen fest auf den Herrn Jesus gerichtet. In dieser Auseinandersetzung mit dem Mystiker Franziskus werden wir erneut daran erinnert, auf den gekreuzigten Christus zu schauen und uns bewußt zu machen, daß, wie die Dinge menschlich betrachtet auch aussehen mögen, Gott Liebe ist. Alles, was wir tun, und alles, was geschieht, vollzieht sich innerhalb der Liebe Gottes – bis zum Tod am Kreuz. In dieser Liebe zu bleiben, was immer uns auch widerfährt, heißt, in Gott zu bleiben. Die Frage ist nicht: „Warum geschieht das? Wie kann Gott das zulassen? Warum verhindert Gott das nicht, hat es nicht verhindert?", sondern: „Kann mich dies von der Liebe Gottes scheiden? Ist Gottes Liebe trotzdem noch da?"

Gott ist Liebe, und auch wenn die Liebe nicht immer tut, was wir wollen, heißt das doch nicht, daß Gottes Liebe nicht da ist, obwohl es sich für uns vielleicht so anfühlt. Als Mensch durchlitt Jesus diese zutiefst menschliche Erfahrung der Verlassenheit, weil der Vater nicht immer tat, was er wollte. Es erging ihm wie uns: Die Liebe war nicht mit seinem Willen identisch. Liebe ist die Interaktion zweier Wollender; für einen Menschen ist sie die Interaktion zwischen meinem Willen und dem Einen, dessen Wille die Ursache dafür ist, daß ich existiere und daß ich überhaupt einen Willen habe. Schöpfer und Geschöpf: der Unterschied zwischen ihnen ist unendlich groß. Diese Erkenntnis ist der Anfang der Liebe zu Gott. Und da es eine Erkenntnis des Verstandes ist, ist es der Anfang der Wahrheit. Daß etwas, jemand außerhalb meiner selbst die Ursache meines Daseins ist, macht mein Dasein zu einem Akt der Dankbarkeit für jeden Augenblick, da ich in diesem schöpferischen Willen gehalten bin.

Der nächste Schritt der Erkenntnis, daß nämlich Gottes schöpferischer Wille ein ewig haltender Wille ist, daß mein Dasein nicht enden wird, führt mich zu demütiger Hingabe und zum Dialog – oder zur stolzen, trügerischen Selbstverliebtheit, die eine Art von Hölle ist, weil sie das Band der Liebe durchtrennt und mich um mich selber kreisen läßt.

Im Unterschied zur Selbstverschlossenheit ist Gottes Liebe überströmend, und obwohl er der ewige Schöpfer ist, beschließt er, eins mit der Schöpfung seiner Liebe zu werden: als schöpferisches Wort in die Welt zu treten und dem gehorsam zu werden, was das Wort selbst über das Geschöpf-Sein aussagt – gehorsam, wie der heilige Paulus sagt, „gehorsam bis zum Tod, bis zum Tod am Kreuz" (Philipper 2,8). Christus wurde gebrochen und starb am Kreuz: Das Leben hat den ewigen Sohn ebensowenig verschont, wie es uns verschonen wird, doch Gottes fleischgewordenes Wort ist für uns die Bestätigung, daß die Liebe fortdauert, was immer die Menschen oder das Schicksal oder das Leben tun oder nicht tun. Und am Ende feiert die gehorsame Liebe Auferstehung.

Kapitel Drei

JULIANA VON NORWICH:
GOTTES GÜTE (1342–1416?)

An die Mystiker wenden wir uns nicht um des Wissens willen. Wir wenden uns an sie aufgrund ihrer Gottesnähe,
weil sie eine Erfahrung gemacht haben, nach der auch wir uns
sehnen. Sie trösten uns damit, daß Gott in ihre persönliche Geschichte eingebrochen ist. Sie erinnern uns daran, daß Gottes
Wort selbst in unserer Zeit Herzen und Seelen verwandelt. Der
bemerkenswerte kolonialamerikanische Puritaner Jonathan Edwards schreibt:

> Einmal, anno 1737, als ich meiner Gesundheit wegen in den
> Wäldern ausritt und an einem abgelegenen Ort vom Pferd
> stieg, wie es meine Gewohnheit war, um in göttlicher Kon-
> templation und im Gebet umherzugehen; da hatte ich eine Vi-
> sion, die für mich außergewöhnlich war, von der Herrlichkeit
> des Sohnes Gottes; als Mittler zwischen Gott und Mensch;
> und der wundervollen, großartigen Fülle, Reinheit und Süße
> seiner Gnade und Liebe und seiner sanftmütigen und liebe-
> vollen Herablassung. Diese Gnade, die mir so ruhig und süß
> erschien, wirkte über den Himmeln majestätisch. Die Person
> Christi erschien unaussprechlich großartig, so großartig,
> daß alles Denken und Begreifen darin verschlungen wurde.
> Dies währte, soweit ich das zu beurteilen vermag, etwa eine
> Stunde; den größten Teil der Zeit verbrachte ich in einer Flut
> von Tränen und laut weinend. Ich fühlte überdies eine Innig-
> keit der Seele, was ich anders nicht auszudrücken vermöchte,
> als ausgeleert und vernichtet zu sein; im Staub zu liegen und

allein von Christus erfüllt zu sein; ihn mit einer heiligen und reinen Liebe zu lieben; auf ihn zu vertrauen; von ihm zu leben; ihm zu dienen und zu folgen und ganz und gar von der Fülle Christi umhüllt zu sein; und vollkommen geheiligt und geläutert zu sein mit einer göttlichen und himmlischen Reinheit. Noch mehrmals hatte ich ganz ähnliche Visionen, und sie hatten dieselben Wirkungen.[1]

Diese Art von Erfahrung suchen wir, wenn wir die Mystiker lesen, und das ist auch der Grund, weshalb Juliana von Norwich mich so bewegt. Ähnlich wie Edwards wurde sie von sechzehn Visionen zutiefst verwandelt, die sie im Alter von einunddreißig Jahren hatte. Ihre Verwandlung ist das, wonach wir uns alle sehnen: ein dank einer tiefer empfundenen Gottesnähe intensiver gelebtes Leben. Selbst wenn wir etwas Derartiges nur einmal erfahren, beeinflußt allein schon die Erinnerung daran die Art, wie wir unser Leben leben. Wir erleben wahre Freude, welcher Prüfung oder Dunkelheit wir auch ausgeliefert sein mögen. In unserer Seele herrscht Süßigkeit, auch wenn das Leben bitter ist.

Von allen Mystikern, denen wir auf diesen Seiten begegnen, ist Juliana von Norwich vielleicht diejenige, deren Texte aufgrund ihrer bildhaften Sprache und der zauberhaften Anmut, mit der sie erzählt, am erfreulichsten zu lesen sind. Sie erzählt die Geschichte ihrer „Offenbarungen der göttlichen Liebe" oder „Showings", wie sie sie nannte, auf einfache, aber zwingende Weise mit Hilfe vertrauter Bilder und Metaphern, deren Konkretheit uns hilft, zu sehen, was sie gesehen hat. Ein weiterer Aspekt, der Juliana so anziehend macht, ist ihr scheinbar grenzenloser Optimismus. Es entspricht ihrer natürlichen Veranlagung, überall die Güte Gottes zu sehen. Obwohl die Liebe zu Gott zur Loslösung von den Dingen dieser Welt führt, sind diese Dinge dennoch gut, gut in sich selbst, weil der gute Gott sie geschaffen hat, der ihr versichert, daß, obwohl die Sünde unvermeidlich ist, alles gut werden wird: „Alles wird gut sein, und ein jegliches Ding soll gut sein" und: „Alles jeglicher Art wird gut werden."[2]

Als ich begann, einige Ideen zu Julianas wunderbaren „Showings" zu entwerfen, hörte ich zu meinem Erstaunen plötzlich ein lautes Krähen. Dieses Geräusch war mitten in Cincinnati so deplaziert, daß ich mich fragte, ob ich es mir nicht nur eingebildet hatte. Doch als ich ans Fenster trat, sah ich im Hof unter mir tatsächlich zwei Hähne und ein Huhn; der eine Hahn krähte und krähte, der andere Hahn und das Huhn pickten und scharrten hingebungsvoll auf dem Boden umher.

Ich fühlte mich durch diese Szenerie geradewegs ins Mittelalter versetzt, und sofort stellte ich mir vor, wie die Einsiedlerin Juliana ein solches Geräusch hörte und an ihr der Welt zugewandtes Fenster trat, um auf dieselbe Szene hinabzublicken. Hätte dieser Anblick ihr ein trauliches Bild für die Dreifaltigkeit geliefert? Hätte er ihr eine Wahrheit veranschaulicht, die Gott ihr Jahre zuvor geoffenbart hatte, als sie in einem Schwung fünfzehn ihrer sechzehn Offenbarungen erhielt, die sie in ihrem ersten kurzen Manuskript der „Showings" niederschrieb?

Ich kehrte an meinen Schreibtisch zurück und schaltete zwischendurch den Fernseher ein, um zu sehen, ob weißer Rauch von der Sixtinischen Kapelle aufstieg – Papst Johannes Paul II. war gestorben, und wir warteten darauf, daß der Name des neuen Papstes bekanntgegeben wurde. Als ich nach etwa einer Stunde wieder aus dem Fenster sah, waren die Hähne und das Huhn verschwunden. Hatte sie jemand geholt oder waren sie die Straße entlang außer Sicht- und außer Hörweite spaziert? Wie auch immer, die Vögel waren dagewesen, und nun waren sie weg, und alles, was ich über sie geschrieben habe, ist Erinnerung und Interpretation und Vermutung.

Auch Juliana hatte ihre Erlebnisse – Erfahrungen der Liebe Gottes – und hielt sie in einem ersten, kurzen Manuskript fest, das die Erfahrungen insofern veränderte, als Juliana für deren Beschreibung nur unvollkommene Worte fand. Etwa zwanzig Jahre später – zwanzig Jahre, in denen sie rätselte, was ihre Visionen wohl bedeutet haben mochten – schrieb sie jene erste Version noch einmal nieder und fügte Interpretationen und neue Erkenntnisse hinzu. So schuf sie ein geschriebenes Werk, das in zweifacher Hinsicht von der ursprünglichen Erfahrung entfernt war – ähnlich wie auch die verschiedenen Evangelien eine Auswahl aus Erinnerungen, Interpretationen und narrativen Beschreibungen sind, die zusammen die Wahrheit und das Mysterium Jesu Christi ergeben. Was mich wieder an den Hahn denken läßt, der ja auch in der Geschichte des heiligen Petrus eine Rolle spielt, als der Christus dreimal verleugnete. Bilder bringen Bilder hervor, und genau das macht auch den Reiz von Julianas „Showings" aus, der Geschichte der Offenbarungen, die ihr in einer mystischen Erfahrung zuteil geworden sind.

Die außerordentliche Wirkung dieser „Showings" beruht darauf, daß Juliana, die im Mittelalter lebte und starb, auch auf den Leser von heute ganz lebendig und vital wirkt und ihn persönlich anzusprechen scheint. Sie tröstet und erleuchtet, sie beruhigt, doch vor allem führt sie uns mitten hinein in das Leiden und Sterben Christi; sie zeigt, wie Christi Liebe durch seine Adern strömt, sein Blut ist, das er für uns vergießt. Die Qualen und Leiden Christi lassen sie ausrufen: „Von allen Schmerzen, die zur Erlösung führen, ist dies der größte: den liebenden Heiland leiden zu sehen. Wie kann es eine größere Qual geben als die, ihn leiden zu sehen, der all mein Leben ist, all meine Seligkeit und all meine Freude?"[3]

Doch die Offenbarung von Christi Leiden am Kreuz war eine Antwort auf Julianas eigenes Gebet, in dem sie den Wunsch geäußert hatte, sein Leiden zu verstehen. Und als Christus ihre Bitte erfüllt, wird sie von ihrem eigenen Mitleiden überwältigt, und sie versteht das Mitleid Marias, der Mutter Jesu. Juliana schreibt: „Sie war in Liebe mit ihm vereint, und weil ihre Liebe so groß war, war auch ihr Schmerz so groß."[4] Und wie Maria hält auch Juliana den Blick fest auf Jesus gerichtet. „So wurde ich gelehrt, Jesus, den ich damals in Schmerzen sah, zu meinem Himmel zu wählen."[5]

Der Inhalt und Aufbau von Julianas mystischem Leben ist das Ergebnis einer Gottsuche, die sie einige Zeit vor ihren Offenbarungen begonnen hatte. Sie hatte um drei Gaben gebeten: (1) das Leiden Christi zu verstehen, (2) noch als junge Frau körperlich zu leiden (sie war damals dreißig Jahre alt), und (3) drei Wunden von Gott zum Geschenk zu erhalten, nämlich die Wunde wahrer Zerknirschung, die Wunde echten Mitleids und die Wunde eines aufrichtigen Verlangens nach Gott.

Alle drei Geschenke wurden ihr gewährt: zuerst das zweite, Julianas Wunsch, zu leiden, oder genauer, alle Todesqualen zu leiden, ohne wirklich zu sterben, damit sie von diesem Moment an rein wäre, um ganz für Gott zu leben. Genauso geschah es, und während ihrer Krankheit, die zum Tode zu führen schien, wurden Juliana die Offenbarungen zuteil, die den Inhalt und die Form der „Showings" bestimmen.

Juliana fällt mit der Tür ins Haus, geht gleich *in medias res*, mitten hinein in ihr Leben als Frau von dreißig Jahren. „Alles Folgende wurde einem einfachen, ungelehrten Geschöpf offenbart, das im sterblichen Fleisch lebt, im Jahre des Herrn 1373, am vierzehnten Tage des Mai", so beginnt die zweite Version.[6] Bis zu diesem Zeitpunkt war ihr Leben nicht von Belang; erst hier nimmt das, was sie erzählen will, seinen Anfang. Das eigentliche Leben des Mystikers datiert von dem Augenblick an, da Gott sich offenbart und die innere und äußere Welt, die Welt, die wir mit unseren Augen sehen, ihre Geheimnisse kundtut. Das Geheimnis, das Juliana sieht, ist dies: die Güte Gottes, der alles, was ist, schafft, erhält und liebt.

Zur selben Zeit (…) offenbarte unser gnädiger Herr meinem Geist seine freundliche Liebe. Ich sah, daß er uns alles ist, was zu unserem Heile gut und ersprießlich ist. Er ist unser Gewand, das uns voll Liebe einhüllt, uns umschlingt und uns ganz bekleidet und an uns hängt mit zarter Liebe, daß er uns niemals verlassen möge. Und bei diesem Anblick erkannte ich, daß er alles ist, was gut ist, soweit ich es verstehe.

Und dann zeigte er mir ein kleines Ding, so groß wie eine Haselnuß, das auf meiner Handfläche zu liegen schien; und es war so rund wie eine Kugel. Ich sah darauf nieder mit dem Auge meines Verstandes und dachte: „Was mag das sein?" Und ungefähr so lautete die Antwort: „Es ist das Universum des Geschaffenen." Ich wunderte mich, wie es bestehen könnte; denn mich dünkte, es sollte vor lauter Winzigkeit in nichts zerfallen. Und ich vernahm und verstand: „Es bleibt bestehen und wird immer bestehen bleiben; denn Gott liebt es. Und so hat jedes Ding Bestand durch die Liebe Gottes."

Ich sah drei Eigenschaften an diesem kleinen Ding: Erstens: Gott schuf es. Zweitens: Gott liebt es. Drittens: Gott erhält es.[7]

Wie so oft bei Juliana spielt auch hier die Zahl drei eine Rolle. Die meisten ihrer Wahrheiten sind dreifaltig, und ihre Bilder sind trinitarisch.

Überdies sind Julianas „Showings" innig mit der Passion Christi verbunden. So sieht sie mit den Augen ihres Leibes Christi blutendes Haupt, und zugleich zeigt Gott ihr Dinge, die sie mit ihrem inneren oder, wie sie es nennt, ihrem geistigen Auge wahrnimmt.

In der ganzen Zeit, da er solches meinem Geiste zeigte, sah ich noch immer leibhaftig das blutüberströmte Haupt. Die großen Blutstropfen fielen unter dem Kreuz hervor wie kleine Kugeln; und es schien, als kämen sie aus den Adern: und wenn sie hervorquollen, waren sie braunrot; denn das Blut war ganz dick; und wenn sie weiterflossen, waren sie hellrot, und wenn sie an die Brauen kamen, verschwanden sie. Und nichtsdestoweniger hörte das Blut nicht auf zu strömen, bis viele Dinge von mir gesehen und verstanden waren.[8] Sie waren so frisch und lebendig, als ob sie wirklich wären: so überquellend wie Wassertropfen, die nach einem heftigen Regenguß von den Dachgesimsen fallen, so dicht, daß man sie unmöglich zählen konnte; und so, wie sie seine Stirn bedeckten, waren sie rund wie Heringsschuppen. Gleichzeitig kamen mir diese drei Dinge in den Sinn: das Blut floß wie runde Perlen, es breitete sich aus wie runde Heringsschuppen, und es quoll über wie Regentropfen von den Dachgesimsen.

So anschaulich und lebendig sind ihre „Showings"; daneben aber betont Juliana wieder und wieder, daß die Dinge, die Gott ihr zeigt, mit den Lehren der Kirche im Einklang sind.

Ich glaube alles so, wie es die heilige Kirche verkündigt und lehrt; denn der Glaube der heiligen Kirche, den ich schon zuvor kannte und den ich, wie ich hoffe, durch die Gnade Gottes immer bewahren werde, stand mir beständig vor Augen, und ich wollte niemals etwas annehmen, das ihm entgegen sein könnte. Und in dieser Absicht betrachtete ich die Offenbarung mit allem Eifer; denn in dieser ganzen heiligen Offenbarung suchte ich Gottes Willen zu ergründen.[9]

Der gesamte Stil der zweiten, längeren Version von Julianas „Showings" ist der einer spirituellen Ratgeberin, die zwanzig Jahre lang über ihre Offenbarungen nachgedacht und sowohl aus ihnen als auch aus ihren Erfahrungen mit anderen, im Zuhören und in der geistlichen Leitung Weisheit geschöpft hat. So sagt sie zum Beispiel, daß wir in unserem eigenen Suchen dreierlei tun sollen: erstens mit Gottes Gnade „willig suchen und eifrig ohne Trägheit, fröhlich und heiter; ohne unvernünftige Anstrengung und überflüssige Sorge. Zweitens sollen wir um seiner Liebe willen fest an ihm hangen, ohne zu murren und ohne uns ihm zu widersetzen, bis ans Lebensende – denn es wird nur eine kleine Zeit dauern. Drittens sollen wir kräftiglich, in vollem und aufrichtigem Glauben uns auf ihn verlassen: denn wir sollen wissen, daß er allen, die ihn lieben, schnell und segenbringend erscheinen wird."[10] Gott, so sagt Juliana weiter, wirkt im Verborgenen „und will doch erkannt werden; und er wird schnell und lieblich erscheinen."[11]

Über die Einzelheiten von Julianas täglichem Leben wissen wir nur wenig; über ihr inneres Leben wissen wir vieles. Von ihrem äußeren Leben wissen wir, daß sie als Reklusin an der Kirche St. Julian in Conisford im englischen Norwich lebte. Eine Reklusin war eine Frau, die sich aus der Welt zurückzog und in einer kleinen Behausung neben einer Kirche lebte. Eine solche Behausung hatte üblicherweise ein kleines Fenster zum Innenraum der Kirche, durch das die Reklusin die Meßfeier sehen und hören konnte, und ein anderes Fenster, das auf die Außenwelt hinausging, so daß die Reklusin geistlichen Rat erteilen konnte.

Die „Begräbniszeremonie" einer Reklusin fand innerhalb der Messe statt und ähnelte einer Beerdigung. Die Messe war üblicherweise ein Requiem; es konnte jedoch auch eine Messe zum Heiligen Geist gelesen werden. Für die angehende Reklusin war eine Profeß vorgesehen: wenn sie zu einer Ordensgemeinschaft gehörte, legte sie ihre Gelübde ab, andernfalls gab sie dem Bischof ein Versprechen. Dann wurde sie in ein einfaches Gewand gekleidet, und am Ende der Messe führte der Bischof die Reklusin in ihre Zelle – gleichsam ein Grab, wo sie „für die Welt tot und für Gott lebendig" sein würde.[12]

Das Versprengen von Weihwasser, die Beweihräucherung der auf dem Boden oder auf einer Bahre ausgestreckten Kandidatin und das Bestreuen mit Erde – all das erinnerte an eine Begräbniszeremonie. Dann verließ der Bischof die Zelle, und der Eingang wurde versiegelt.

In uns heutigen Menschen löst die Vorstellung, unser ganzes Leben in einer winzigen Zelle zu verbringen, womöglich Anfälle von Klaustrophobie aus. Tatsächlich aber war die Zelle gar nicht so winzig, und üblicherweise bestand sie auch nicht nur aus einem, sondern aus mehreren Räumen mit einem Innenhof oder einem umzäunten Garten. Nicht selten hatte die Reklusin auch eine Dienstmagd. Juliana scheint im Lauf der Zeit zwei Bedienstete gehabt zu haben, die Sara und Alice hießen. Oft hatten Reklusinnen auch eine Katze, die Jagd auf die zuweilen überhandnehmenden Mäuse machte.

Reklusinnen besaßen auch eine eigene Lebensregel: Die *Ancrene Riwle* legte die Gebete – hauptsächlich das Offizium – fest, die die Reklusin zu bestimmten Zeiten betete. Die Reklusin betete und arbeitete: Üblicherweise war sie mit Näharbeiten und Stickereien beschäftigt, unterrichtete junge Mädchen oder übte die Funktion einer geistlichen Ratgeberin aus.

Von ihrem Fenster aus konnte Juliana auf eine der geschäftigen Straßen der Stadt Norwich hinaussehen, die nach London die bevölkerungsreichste Stadt im mittelalterlichen England war. Die Kirche St. Julian war eine von über fünfzig Kirchen in Norwich und lag gegenüber dem Augustinerkloster. Von ihrem Fenster aus wird Juliana wohl auch die Leichenkarren mit den Opfern der Beulenpest gesehen haben, die Norwich zu ihren Lebzeiten mehrmals heimsuchte; sie wird mit Stoffen beladene Wagen gesehen haben, denn Norwich war Englands wichtigster Tuchhafen. Und die, die zu ihr kamen, um sie um ihren geistlichen Rat zu bitten, werden ihr vom Ausbruch des Hundertjährigen Krieges zwischen Frankreich und England im Jahr 1337 und vom Großen Abendländischen Schisma erzählt haben, das 1377 begann und bei dem einander „zwei Kirchen" und zwei Päpste gegenüberstanden, von denen jeder den anderen für den Antichrist hielt.

Auf diese Weise hatte Juliana ihre Einsamkeit und ihre Stille, ohne von dem pulsierenden Leben der unruhigen Zeiten, in denen sie lebte, vollkommen abgeschnitten zu sein. Es war die Epoche großer englischer Schriftsteller: eines William Langland oder John Gower, des Gawain-Poeten und eines Geoffrey Chaucer, der exakt zur selben Zeit lebte – er, der große englische Dichter, und sie, die erste Frau, die auf englisch schrieb. Und es war die Epoche religiöser Schriftsteller wie Walter Hilton, des Bibelübersetzers Wyclif und des anonymen Verfassers der *Wolke des Nichtwissens*.

Julianas Buch hatte keinen Titel, ist jedoch als *A Book of Showings to the Anchoress Julian of Norwich* auf uns gekommen, weshalb wir auch ihren Namen kennen (der vielleicht gar nicht ihr Name ist, sondern ihr lediglich zugeschrieben wurde, weil sie als Reklusin bei der Kirche St. Julian lebte). Ihr Buch ist, wie schon erwähnt, im Grunde zwei Bücher in einem, eine kürzere Version ihrer sechzehn Offenbarungen, die sie kurz nach diesem Ereignis niederschrieb, und eine längere Version, die etwa zwanzig Jahre später entstand und fast zweieinhalbmal so lang ist. Bei ihrer kurzen, fünf Stunden dauernden mystischen Erfahrung im Mai 1373 wurden ihr fünfzehn Offenbarungen zuteil; die letzte Offenbarung erhielt sie am darauffolgenden Abend. Für den Rest ihres Lebens dachte sie über diese Offenbarungen nach, und der Herr rief sie ihr lebhaft ins Gedächtnis, so daß sie in der längeren Version in der Lage war, sich ausführlich zu den anfänglichen Offenbarungen zu äußern und sie für andere – vermutlich ihre spirituellen Schutzbefohlenen – zu kommentieren und zu „entpacken". (Unwillkürlich denkt man an Dante und seine kurze Begegnung mit Beatrice, die sein ganzes Leben und seine Kunst so maßgeblich beeinflußt hat.) Eine dieser späteren Betrachtungen in der längeren Version von Julianas „Showings" faßt zusammen, wie ihre Visionen ihr das Geheimnis des Gebets offenbarten:

> Und das vornehmste Gebet ist das Gebet zu Gottes Güte. Und sie neigt sich auch hernieder zu unserer geringsten Not (…). Denn er verachtet nicht das, was er geschaffen hat, noch verschmäht er es, uns zu dienen bei dem geringsten Dienst, den unser Leib seiner Natur nach bedarf (…)
> Denn wie der Körper in das Gewand gekleidet ist und das Fleisch in die Haut und die Knochen in das Fleisch und das Herz in den Leib, so sind auch wir mit Seele und Leib gekleidet und eingeschlossen in die Güte Gottes.[13]

Was mich an diesem kurzen Absatz so verblüfft, ist Julianas ganzheitliche Sicht der menschlichen Person. Wir sind nicht nur Seele; wir sind Seele und Leib, und alles, was wir sind, wie wir sind, ist gekleidet in die Güte Gottes. Da ist keinerlei Leibfeindlichkeit, keine puritanische Prüderie und kein Argwohn gegenüber dem Leib, denn, so macht sie an anderer Stelle deutlich, Jesus selbst war Mensch wie wir, und doch wohnte in ihm die Fülle der Gottheit. Und so, wie Jesus eine Person, aber der Natur nach menschlich und göttlich war, so sind auch wir eine Person, die aber aus Leib und Seele besteht, und beide sind gut in ihrer Erschaffung, Erlösung und Heiligung. Diese Einstellung bringt sie in ihr Gebet ein, und so lehrt sie uns zu beten: Beten heißt, sich in der Güte Gottes zu verlieren, und das wiederum heißt, in Dankbarkeit und Lobpreis vor Gott zu stehen und zu wissen, daß der gute Gott weiß, wer wir sind und was wir brauchen. Alles, was wir zu tun haben, ist, uns auf den allgütigen dreifaltigen Gott auszurichten.

Julianas Standpunkt erinnert mich an den Ausspruch eines östlichen Mönchs, den ich auf einem Gebetszettel in Julianas Zelle bei der Kirche St. Julian in Norwich entdeckt habe: „Versetze jeden Morgen deinen Geist in dein Herz und verbringe den ganzen Tag in Gottes Gegenwart."[14] „In Gottes gütiger Gegenwart", würde Juliana hinzufügen – auch im Fürbittgebet, denn Fürbitte heißt nichts anderes, als in den Anliegen anderer in Gottes Gegenwart zu sein. Was für ein größeres oder vollkommeneres Gebet könnte es also geben, als unseren Geist in unser Herz zu versetzen und in der Gegenwart Gottes zu sein?

Diese Haltung pflegte Juliana vom Tag ihrer „Showings" an bis zum Ende ihres Lebens. Wie sie selbst auf mannigfache Weise sagte, ist es besser, sich an Gottes Güte zu halten, als viele Bitten vorzutragen. Julianas Gebet bestand einfach darin, sich in der Güte Gottes zu verlieren. Und das ist die Botschaft, die sie uns in ihren „Showings" hinterlassen hat. Die Basis dessen, was Gott ihr offenbart hat, hat Juliana in diesen wunderschönen Worten zusammengefaßt:

So köstlich wird unsere Seele geliebt von ihm, der der Höchste ist, daß es den Verstand aller Kreaturen übersteigt, das heißt, es gibt kein erschaffenes Wesen, das wissen kann, wie sehr und wie süß und wie zärtlich unser Schöpfer uns liebt.

Und so dürfen wir denn durch seine Gnade und seine Hilfe mit unsern geistigen Augen in immerwährendem Staunen diese hohe, alles übersteigende, unermeßliche Liebe betrachten, die unser Gott in seiner Güte für uns hegt.[15]

Betrachtung

Was bedeutet es, in die Güte Gottes gekleidet zu sein? Was lehrt uns Juliana: Wie können wir uns selbst für unsere eigene Güte und für Gottes Güte in uns öffnen? Wenn wir Julianas „Showings" lesen, stellen wir immer wieder fest, daß in unserer Beziehung zu Gott etwas sehr Häusliches geschieht. Gott ist da: in unserem täglichen Leben. Gott ist uns so vertraut wie die Menschen aus unserer engsten Umgebung, wie unsere Haustiere, wie die Katzen in Julianas Zelle. Alles und jeder erinnert uns an Gottes innige Fürsorge, selbst die kleinsten Dinge – darauf weist Juliana uns hin –, und seien sie auch so klein wie eine Haselnuß. Wenn wir Augen haben, um zu sehen, und wenn wir in Liebe sehen, dann spricht die ganze Welt zu uns von Gott, einem Gott, der alles in Güte kleidet. Und all diese Güte führt uns wieder zu Gott zurück, wie Juliana es so schön beschreibt:

Ich sah, daß er beständig so göttlich, weise und mächtig in allen Dingen wirksam ist, daß es alles übersteigt, was wir ersinnen, meinen oder denken können. Und dann können wir nichts anderes tun, als ihn anzuschauen, uns in ihm zu freuen und den einen hohen, mächtigen Wunsch zu verspüren, daß wir mit ihm vereinigt würden. Dann werden wir auf seine Regung achten, uns in seiner Liebe freuen und mit Entzükken seine Güte spüren. So werden wir zu ihm kommen durch seine süße Gnade und unser beständiges, demütiges Gebet.

Schon jetzt sehen wir Gott, wenn geistiges Schauen und Empfinden unsere Seele heimlich berühren; und es wird uns davon so viel zuteil, als unsere Einfalt ertragen kann.

Solches ist geschehen und wird geschehen durch die Gnade des Heiligen Geistes, bis wir sterben werden in Sehnsucht nach Liebe. Dann werden wir alle zu unserm Herrn kommen, uns selbst klar erkennen und Gott ganz besitzen. Und wir sind alle ewig in Gott beschlossen, sehen ihn in Wahrheit, fühlen ihn kräftiglich, hören ihn mit den Ohren unseres Geistes und schmecken ihn köstlich und süß. Da werden wir gar traut und vollkommen Gott von Angesicht zu Angesicht sehen.[16]

Kapitel Vier

JACOPONE DA TODI: GOTTES TORHEIT (1230?–1306)

Wenn es nach seinen Dichtungen ginge, dann müßte man den mittelalterlichen Franziskaner Jacopone da Todi sicherlich den „Dichter der Liebestorheit" nennen.[1] Der Liebestor ist Gott, dessen Liebe so groß ist, daß Gott in Jesus Christus das Kreuz als den Ort umarmt, wo Gott und Mensch einander begegnen. Nicht wir steigen zu Gott empor: Gott kommt zu uns herab. Und weil das Kreuz der Ort schlechthin für diese Herabkunft ist, erweist sich Gottes überströmende Liebe dort mehr als überall sonst.

In Jacopones Gedichten ist Liebe die Motivation Gottes. Wie ein liebestrunkener Liebender bettelt Gott um die Liebe des Menschen. Gott wirbt um die Menschheit, bittet uns, ihn zu lieben. Warum stoßen wir seine Liebe zurück, verraten ihn, verschmähen seine Liebe? Gott leidet Qualen, weil wir diese grenzenlose Liebe nicht erwidern. Gott spricht:

> Ist da ein größeres Zeichen,
> Das Liebe hätte geben können,
> Als zum Letzten,
> Zum Verlassensten der Menschen zu werden?
> Wer wäre je so töricht,
> Selbst Ameise zu werden,
> Um einem Heer von Ameisen zu dienen,
> Einem unwürdigen, undankbaren Heer von Ameisen?
> Meine Torheit war noch größer:
> Mich selbst zu erniedrigen,

Diesen Weg zu gehen
Und ein leidender Mensch zu werden.
Ich habe euch nicht zu meinem Vergnügen geliebt,
Ich habe euch um eurer selbst willen geliebt;
Was ich für euch tat,
Hat meiner Freude nichts hinzugefügt.
(...)
Liebe hat mich zu euch hingezogen,
Damit ihr neu geschaffen würdet ...
(...)
Diese Liebe stellt keine Bedingungen,
Verlangt keine Zinsen;
Sie ist völlige Einheit,
Und kennt keinen Wandel.[2]

Jacopones Dichtung ist in hohem Maße narrativ. Er erzählt –
häufig in Dialogen wie jenen zwischen dem Liebenden und
dem Geliebten – eine Geschichte: die Geschichte von Gottes
vollständiger Verlobung und Vermählung mit der Menschheit. Sündigen heißt, diese unglaubliche Liebe, die uns in Jesus
Christus gegeben ist, zu verraten. Wenn wir unseren Verrat
erkennen, ist Selbsthaß die natürliche Reaktion: Wie konnten
wir einer solchen Liebe gegenüber gleichgültig bleiben? Dabei
wird uns weniger bewußt, daß wir eine moralische Vorschrift
übertreten, als vielmehr, daß wir eine Beziehung zurückgewiesen haben.

Der extreme Selbsthaß, der sich bei vielen mittelalterlichen
Mystikern findet, richtet sich nicht gegen das Selbst oder den
Körper, weil diese in sich schlecht wären. Er richtet sich gegen
das Herz, das sich von den ungeordneten Begierden des Leibes
so hat verblenden lassen, daß es nicht erkannte, wie gut ich
bin, wie schön – so schön, daß selbst Gott sich in mich verliebt
hat. Ich aber habe mich von ihm abgewandt und anderswo nach
Liebe gesucht. Jacopone schreibt:

Wein', Trauernde, und seufze, er ist fern,
Verloren hast du deinen süßen Herrn.
Vielleicht erhört er deine Klagen gern,
Und kehrt zurück dem Herzen schmerzzerrissen.
(...)
Da ich verlor den Vater und den Gatten.
O Christus, Holder, Lilie auf den Matten,
Der du um meine Schuld hast scheiden müssen![3]

Und der heilige Christus antwortet,

Selbst wenn du mich mit Bosheit von dir stößt,
Kehr ich zurück um deiner Reue willen,
Damit einer wie du nicht klagen kann,
Verraten hätt' ich seine treue Liebe.[4]

Wieder und wieder singt Gott in seinen Liebesdialogen zwischen Gott und uns von Gottes törichter Liebe, die nie endet, was immer auch geschieht. Sie ist ewig und hängt nicht davon ab, daß wir sie akzeptieren. Wenn wir bereuen, daß wir unseren Liebhaber zurückgewiesen haben, dann lösen wir damit keine Rückkehr der Liebe Gottes aus. Seine Liebe war immer da und wird immer da sein. Wir nehmen es nur so wahr, als ob Christus zurückkehren würde. Wir sind die, die sich verändern. Wir lassen uns von dieser Liebe lieben, verwandeln, und der Ort dieser Verwandlung ist das Kreuz, denn das ist der Ort von Gottes größter Liebe.

Im englischen Sprachraum gibt es eine weit verbreitete Redensart: „Wenn du mich liebst, dann liebe meinen Hund". In ähnlicher Weise könnte Christus sagen: „Wenn du mich liebst, dann liebe mein Kreuz". Unsere Liebe zum Kreuz erwächst nämlich nicht aus unserem Selbsthaß, sondern aus unserer Liebe zu dem, der uns hier, an diesem Ort, in dieser Wirklichkeit geliebt hat, die wir Kreuz nennen.

Jacopone preist die menschliche Person, weil sie von Gott und zu dem Zweck geschaffen ist, Gott zu sehen. Mit ihm wird die mittelalterliche *Lauda* (Loblied) nicht mehr nur ein Preisgesang auf Gott, sondern auch ein Lied über die Ehre, die Gott uns erweist, weil er in Liebe mit uns vereint sein will. Gott ist uns ganz und gar ergeben. Gott schenkt uns Liebe über Liebe, um unsere Liebe zu gewinnen. In einer unfaßbaren Umkehrung wird Gott zum „Opfer" der Liebe der Braut. Jesus sagt:

> Wenn ich Mensch werde, wird der Mensch sein Ziel erreichen;
> Und seine Gottesunterwerfung wird die meine sein.[5]

In der Menschwerdung erfüllt sich endlich die Sehnsucht unseres Herzens: Gott. Und Christus, der Gott ist, wird sich, weil er auch Mensch ist, Gott unterwerfen. In Christus unterwerfen wir uns Gott, der sich zuerst unserer Menschheit unterworfen hat. In Christus wird sowohl Gott als auch der Menschheit Genüge getan. Beide erreichen den Gipfel der Liebe. Jacopone läßt Christus sagen:

> Die Menschen alle müssen kommen, tat ich kund,
> Um von mir Gottes Dinge zu erlernen;
> (...)
> Gekommen bin ich, daß der Mensch das Lieben lerne;
> Wer diese Kunst beherrscht, der wohnt bei Gott –
> Wer an ihr festhält, erfährt ew'ge Freude.[6]

In Christus wird Gott der wahnsinnige, tollkühne Liebende:

> O meine Braut, dies Wunder, Liebesaustausch!
> Wenn du mich anflehst, dann gebietest du;
> Die Liebe ist mir Leid, ist Torheit mir,
> Zieht mich aus mir heraus und hin zu dir.[7]

Diese Art von Liebe ist es, die auch Jacopones eigene Torheit erklärt, den Verlauf seines Lebens, seine extremen Leidenschaften, seinen Schrei nach Christus:

Ich hörte, daß mein Herr mich liebt. Nun zeig ihn mir;
Sag mir, wo find' ich ihn? Ich kann nicht länger warten.
Lange schon harrt er meiner kummervoll.

Und Christus antwortet:

Seele, da du zu mir gekommen bist,
Werd' ich dir gerne Antwort geben. Komm,
Und sieh: dies ist mein Lager – und mein Kreuz.
Hier werden eins wir sein, komm du zu mir,
Ich stille deinen Durst.[8]

Fast gewinnt man in Jacopones Gedichten den Eindruck, daß
Gottes Gott die Menschheit ist. Selbst seinen eigenen Sohn ver-
schont Gott nicht, um unsere Liebe zu gewinnen. Eine solche
Liebe überwältigt Jacopone so sehr, daß er zu Christus ruft:

Tat dies ein Trunkener, warst du von Sinnen?
Wie konntest du dem Königtum und Reich entsagen,
Grenzt nicht an Wahnsinn solcherlei Verzicht?[9]

Christus erwidert:

Weil ich dich liebe und zu deinem Heil
Nehm' Schande ich auf mich und Not und Knechtschaft.
(...)
Gib Liebe mir, so fleh' ich, meine Braut,
Liebe ersehn' ich; mehr erbitt' ich nicht.
Entblößt werd' ich von gnadenloser Liebe,
Sie bindet mich, entflammt mich unablässig.
Liebe mich also, vielgeliebte Braut:
Teuer erkauft' ich dich, und alles gab ich dir.[10]

Und Jacopone gibt zur Antwort:

O meine Liebe, nackt steig' ich empor,
Um dort am Kreuz mit dir zu leiden und zu sterben.
Herr, eng umfangen und umarmt von dir,
Wird Leid und Sterben mir nur Freude sein.[11]

Genauso war es: Jacopones Leben war die Ikone eines Menschen, der mit Christus, seinem geliebten Liebhaber, das Kreuz besteigt.

Was aber können wir, nachdem wir uns nun so intensiv mit seinem inneren Leben befaßt haben, über Jacopones äußere Lebensdaten sagen? Er wurde irgendwann in den 1230er Jahren als Jacopo dei Benedetti in der italienischen Stadt Todi im umbrischen Hügelland geboren. Der Sohn reicher Eltern lebte ein Leben in Muße und Luxus und fühlte sich von Jugend auf zu den Werken der sizilianischen Dichter hingezogen, die das erste bedeutende Korpus italienischer Dichtung schufen. Sie waren von den provenzalischen Troubadours beeinflußt, und wenn man sie sizilianisch nannte, so war dies nicht unbedingt eine geographische Herkunftsbezeichnung, sondern bedeutete, daß sie unter dem Schutz Kaiser Friedrichs II. standen, dessen Hof sich zwar offiziell in Sizilien befand, der aber ständig von einem Teil des riesigen Heiligen Römischen Reiches zum anderen reiste. Als dieser mobile sizilianische Hof durch Italien zog, übte Friedrichs *Entourage* in Nord- und Mittelitalien und auch im Umland der umbrischen Stadt Todi beträchtlichen Einfluß aus.

Es besteht kein Zweifel, daß der junge Jacopo der sizilianischen Schule vieles von dem verdankte, was er über Dichtung wußte – namentlich die Sprache der Liebe, in der Frauen der Gegenstand der dichterischen Leidenschaft sind und der subjektive Gemütszustand des Dichters den Kern der Dichtung bildet. Später, als Jacopone seine eigenen Gedichte schrieb, ersetzte er die Frauen durch Gott, wobei er sich die Erfahrung und den Stil der sizilianischen Dichter zu eigen machte, deren

Themen in seinem Werk häufig wiederkehren. Der Mediävist und Jacopone-Biograph George T. Peck hat folgende Themen aufgelistet:

1. Liebe ist ein Feuer, das brennt.
2. Das Herz eines Liebenden ist wie ein Ofen.
3. Im Feuer der Liebe schmilzt das Herz des Dichters wie Wachs oder brennt ab wie eine Kerze.
4. Liebe ist voller Paradoxe: Sie ist wie Frieden und doch wie eine Schlacht; sie ist verletzlich und verwundet doch.
5. Der Dienst der Liebe ist wie der Dienst bei einem Feudalherrn.
6. Liebe ist voller Freude, aber Liebe ist auch voller Kummer. Das ist der Kummer der Trennung und des Verlusts.[12]

Zudem war der dramatische Dialog, der *Tenso*, der in der sizilianischen wie auch in der provenzalischen Dichtung häufig verwendet wurde, eines von Jacopones bevorzugten Ausdrucksmitteln.

Dennoch war die Dichtung für Jacopo nur eine Nebenbeschäftigung. Von Berufs wegen war er ein brillanter und in Todi sehr gefragter Anwalt und Notar. Um das Jahr 1267 herum heiratete er Vanna di Guidone, eine schöne Frau mit einer schönen Seele, die auf einem Fest ums Leben kam, als der Balkon unter ihr einstürzte. Als der am Boden zerstörte Jacopone sie nach Hause trug und sie für das Begräbnis herrichtete, stellte er fest, daß sie unter ihren kostbaren Kleidern ein härenes Gewand (aus rauhem Tierfell, das zu Abtötung und Buße direkt auf der Haut getragen wurde) trug. Seine Welt ging in Scherben. Er begriff, was für ein törichtes Leben er bis zu diesem Tag geführt hatte. Er schwor seinem früheren Lebensstil ab, legte das Gewand eines Franziskanerterziars an und begann wie ein Geisteskranker bettelnd und in Lumpen umherzuwandern. Die Kinder von Todi gaben ihm den Spottnamen „Jacopone" (dummer Jacopo), und der Name blieb.

Nach zehn Jahren als verrückter Bettler und Säkularfranziskaner bat Jacopone, als einfacher Laienbruder in das Franziskanerkloster San Fortunato in Todi eintreten zu dürfen. Trotz seiner Exzentrizität wurde er aufgenommen und begann ein keusches Leben in Gehorsam und äußerster Armut. Nach und nach gewann er sein inneres Gleichgewicht zurück und begann, *Laude*, volkstümliche psalmenartige Gedichte, zu verfassen. Diejenigen seiner gut 200 *Laude*, die vertont wurden, zählten in Umbrien lange zu den beliebtesten Kirchenliedern.

Anders als die kultivierten sizilianischen Dichter benutzte Jacopone die rauhen und ausdrucksstarken Wörter seines heimatlichen umbrischen Dialekts. Im Geist seines Gründers, des heiligen Franziskus, wollte er seine Botschaft zu den Armen und den Reichen, den Ungebildeten und den Gebildeten tragen. Er paßte gut in die volkstümliche Kultur, die in Todi aufblühte, als (etwas nach 1250) der Hof Friedrichs II. zusammengebrochen war und Gaukler, Barden, Akrobaten, Geschichtenerzähler und Narren durchs Land zogen, um die Menschen auf den Plätzen italienischer Städte wie Todi zu unterhalten. Jacopone wollte wie einer dieser Sänger werden, die volkstümliche Geschichten vortrugen und aus dem Stadtbild nicht mehr wegzudenken waren.

Jacopone nahm die langatmige volkstümliche *Lauda* mit ihren vielen Wiederholungen und schuf daraus eine Kunstform. Anders als die volkstümlichen *Laude*, die er auf den Plätzen von Todi gehört hatte, sind Jacopones *Laude* äußerst persönlich, gedanklich komplex, dicht und von einer subtilen Innerlichkeit. Um es mit den Worten Angelos von Monteverdi zu sagen: „Er behielt den volkstümlichen Ton bei und übernahm seine schlichte und grobe Form; doch trunken von göttlicher Liebe und durchdrungen vom Haß (...) auf die menschliche Armseligkeit und Eitelkeit, im Wissen um den Wert seines Liebens und seines Hassens und erfahren in den Geheimnissen des mystischen Lebens wußte er ihm mit kraftvoller Kunst die Fülle seiner Seele einzuhauchen."[13]

Unterdessen fühlte sich Jacopone während seiner Jahre als Franziskaner zu den sogenannten Spiritualen hingezogen, einer Gruppe von Brüdern, die eine gemäßigtere Umsetzung der Franziskusregel ablehnten und versuchten, den Geist und den Buchstaben des heiligen Franz und seiner ersten Gefährten wiederzubeleben. Einige der Spiritualen gerieten mit den anderen Brüdern in Streit. Eine Gruppe von ihnen berief sich auf Papst Cölestin, einen heiligmäßigen Mann, der ihre Auslegung der Regel des heiligen Franziskus bestätigen sollte. Der Papst tat noch mehr; er erlaubte ihnen, unter dem Namen Cölestiner eine eigene Gemeinschaft zu gründen. Doch schon bald legte Cölestin, der in seinem Herzen ein kontemplativer Asket war, sein Papstamt nieder und machte Platz für Papst Bonifatius VIII., einen eigennützigen, habgierigen Mann, der die Beschlüsse Papst Cölestins unverzüglich rückgängig machte und die Gemeinschaft der Cölestiner wieder in den Franziskanerorden eingliederte. Einige gingen ins Exil, andere machten ihren Frieden mit dem Orden des heiligen Franziskus.

Unterdessen stürzte sich auch Jacopone ins Gefecht und begann, Satiren und polemische Gedichte gegen Bonifatius zu verfassen, in denen er die Rechtmäßigkeit seiner Wahl in Zweifel zog und ihn sogar der Ketzerei beschuldigte. Er verbündete sich mit der Familie der Colonna, die versuchten, den raffgierigen Bonifatius zu stürzen, und sogar ein Konzil forderten, damit die Kardinäle neu wählen konnten.

Schließlich warf Bonifatius den Aufstand der Colonna mit militärischen Mitteln nieder, und Jacopone wurde in einem der Klöster eingekerkert. Fünf Jahre lang verwehrte man ihm die Sakramente und hielt ihn in Einzelhaft.

Während seiner Gefangenschaft bat Jacopone den Papst zweimal um Begnadigung, doch Bonifatius lehnte ab. Am Ende wurde Bonifatius selbst durch eine Verschwörung zu Fall gebracht, die von Sciarra Colonna, einem französischen Schläger namens Guillaume de Nogaret und dem päpstlichen Hauptmann von Ferentino angeführt wurde. Am 7. September 1303 besetzten sie

Anagni, wo ein berühmter Papstpalast stand, und belagerten den Papst in seinem eigenen Palast. Nur zwei Kardinäle hielten ihm noch die Treue, und er wurde unter der Aufsicht der Kardinäle aus der Familie Orsini nach Rom verschleppt. Aus Furcht vor Gift weigerte er sich zu essen und zog sich in seine Gemächer zurück, wo er am 35. Tag seiner Inhaftierung starb. Zu diesem Zeitpunkt hatte er den Verstand verloren und glaubte, jeder, der sich ihm näherte, wolle ihn ins Gefängnis bringen.

Zu Bonifatius' Nachfolger wählte man den sanftmütigen Kardinal Niccolo Boccasini, der den Namen Benedikt XI. annahm. Unter seinem Pontifikat kam Jacopone endlich frei und zog sich in die von Todi aus etwa acht Meilen tiberaufwärts gelegene Hügelstadt Collazzone zurück. Dort verbrachte er die letzten drei Jahre seines Lebens in der Gesellschaft mehrerer Brüder, die dem Kloster San Lorenzo di Collazzone angegliedert waren.

Über hundert Jahre nach seinem Tod im Jahr 1306 – Jacopone wurde von manchen bereits als Heiliger verehrt – fand man seine sterblichen Überreste im Kloster Santa Maria di Montecristo. Die Schwestern von San Lorenzo hatten den Leichnam dorthin gebracht, als ihr eigenes Kloster zu verfallen begann. 1596 wurde das Grab in der Krypta der Franziskanerkirche San Fortunato in Todi, wo er schließlich seine letzte Ruhestätte gefunden hatte, endlich mit den entsprechenden kirchlichen Zeremonien geweiht.

Heute ist Jacopone da Todi den meisten ausschließlich aufgrund seines großartigen Hymnus „Stabat Mater Dolorosa" bekannt, der während der Karwoche von unzähligen Gläubigen aller Länder und Epochen gesungen wurde. Es ist ein Gedicht des Mitleids mit der Mutter Jesu, die trauernd unter seinem Kreuz steht. Die Franziskaner zählen Jacopone zu den Seligen ihres Ordens, obwohl er von der Kirche nie offiziell seliggesprochen worden ist, und zu den größten franziskanischen Dichtern, dessen *Laude* vor allem in Italien noch immer gesungen und geliebt werden. Eine von ihnen könnte als Inschrift auf seinem Grab stehen:

O Lieb, göttliche Liebe,
Wer kann sich vor dir retten,
Du schlägst in tausend Ketten,
Willst liebend mein nur sein!
Ich seh' dich von fünf Seiten
Zum Angriff brechen vor,
Durch Fühlen und durch Schmecken,
Gesicht, Geruch und Ohr.
Und geh ich aus dem Tor,
Bin ich Gefang'ner dein.
Wenn ich den Blick aussende,
Er findet Liebe nur,
In jede Form ergossen,
Gemalt in Wald und Flur,
Trägt alles deine Spur,
Mahnt, daß ich dein soll sein.
Wenn ich will aus der Pforte
Der Ohren mich ergehen,
Was tönt in jedem Winde?
Dich hör, o Herr, ich wehen.
Mag wenden mich und drehen:
Liebe tönt alles Sein.
Und geh ich aus dem Tor,
Daß mich Geschmack ergötze,
Schmeck ich dich, Liebe, nur
Und alle deine Schätze,
Fingst mich in deinem Netze,
Mein Herr und Gott zu sein.
Will aus dem Tor ich gehen
Und im Geruch gesunden,
In jeglichem Geschöpfe
Hab ich nur dich gefunden
Und kehre heim voll Wunden,
Berauscht vom Dufte dein.
Und will zum andern Tor

Ich des Gefühls mich wagen,
Scheint alles, was ich fasse,
Dein Bildnis nur zu tragen.
Mit Blindheit ist geschlagen,
Wer wagt zu spotten dein.
O Lieb, warum dich fliehen
Und nicht mein Herz dir geben,
Ich weiß, daß du verwandelst
In Liebe all mein Leben,
Und daß umsonst wir streben
Noch unser selbst zu sein.
Wo Menschen geh'n in Sünden,
In Angst und Todesschauer,
Auf mich die Last ich lade,
Ich trage ihre Trauer.
O Liebe ew'ger Dauer,
Wem gilt die Liebe dein?
Zu ihm, zu Christ am Kreuze,
Woll' mich ans Ufer tragen,
Dort seine Todesstreiche
Ohn' Ende zu beklagen.
Warum ward er geschlagen?
Daß ich sollt selig sein.[14]

Betrachtung

Jacopone da Todi zeigt uns anschaulich, daß die Mystiker und
die, die Gott nahe sind, sich verglichen mit ihrem ehrfurcht-
gebietenden Liebhaber stets unendlich unwürdig und klein
fühlen. Doch diese Unwürdigkeit hat nichts damit zu tun,
daß sie nicht gut wären oder nichts zuwege brächten – ihre
Unwürdigkeit erwächst aus der Schönheit und Würde des
Liebhabers. Die Mystiker verbindet die Erfahrung, daß sie
sich von dem Augenblick an, da Gott ihnen etwas von seiner

göttlichen Gegenwart offenbart hat, auf geradezu extreme Weise ihrer eigenen Sündhaftigkeit bewußt sind. Gott ist so gut und schön und überreich in der Fülle seiner Liebe, daß man sich unrein, unvollkommen, ja häßlich und verdorben fühlt und beginnt, seine eigenen Sünden zu erkennen und sich ihrer bewußt zu werden.

Das Gespür für die Gegenwart Gottes ist wie das Gefühl, in eine wunderschöne Person verliebt zu sein, deren Würde, Güte und Schönheit so überwältigend sind, daß wir uns fragen, wie eine so außergewöhnliche Person uns tatsächlich lieben kann – obwohl wir doch in unserem bisherigen Leben nichts getan haben, um uns eine solche Liebe zu verdienen. Und wenn diese Person Gott ist und uns bewußt ist, daß Gott uns geschaffen hat, für uns gestorben ist und uns durch den Heiligen Geist ganz nahe an sich heranzieht, dann werden wir von Bedauern darüber überwältigt, daß wir so untreu gewesen sind und so lange nicht geglaubt haben, was wir nun wissen: daß Gott Liebe ist; daß Gott in uns verliebt ist und will, daß wir seine Liebe erwidern.

Das, was uns zu Gott führt, ist also kein Selbsthaß. Es ist die Erkenntnis der Liebe Gottes, die uns plötzlich zwingt, angesichts einer so großen Liebe unsere eigene Nichtswürdigkeit zu sehen. Und dieser Kummer und dieses Bedauern sind auch kein Dauerzustand, denn Gott zeigt uns schon bald, daß er uns bereits vergeben hat, ehe wir uns unserer Untreue überhaupt bewußt geworden sind. Für Gott waren wir schon liebenswert, ehe wir unseren eigenen Wert erkannt hatten, den Gott uns sogleich offenbart. Und so gelangt man vom Haß auf seine eigenen Sünden zur Liebe des göttlichen Liebhabers, der uns seine Haltung uns gegenüber und damit die wahre Liebe offenbart und uns zeigt, wie weit wir von dieser Art der Liebe entfernt sind.

Auf diese Weise gelangen wir von der Selbstversunkenheit zur Versenkung in den Liebhaber. Jetzt ist es die Liebe, die unsere Gedanken beschäftigt, während wir uns am Anfang nur unserer Unwürdigkeit und der unendlichen Kluft bewußt waren, die zwischen unserem Bild von der Liebe oder vom Leben und der Wirklichkeit klaffte.

Gott will nicht, daß wir in elendem Schuldbewußtsein leben – er will nur, daß wir wissen, daß die Liebe alle Dinge bewegt, wie Dante sagt. Wir empfinden Bedauern und Kummer und beginnen uns zu verändern. Und die Veränderung besteht vor allem darin, daß wir uns weniger nach uns selbst und mehr nach Gott ausrichten und daß wir die Liebe erwidern, mit der wir geliebt werden.

Am Anfang steht das volle Bewußtsein der Gegenwart Gottes, doch auch das ist nur ein Vorspiel. Bald schon werden wir das, was wir gewußt und gefühlt haben, nur noch glauben können. Denn Gott wird uns sein Antlitz entziehen – jenes Antlitz, das uns so sehr getröstet hat! –, damit wir beginnen, Gott um seiner selbst willen zu lieben und nicht, weil es uns gefällt, Trost und Frieden zu finden und uns wichtig zu fühlen, weil wir auf eine so besondere Weise geliebt werden.

Immer ist es Gott, der die Führung übernimmt, der die Initiative ergreift, und kein noch so intensives Büßen oder Beten kann Gottes Arm zwingen und uns zu Herren der Situation machen. Wir können mit Gott ringen, doch wir werden dabei verwundet werden und doch den Eindruck haben, daß Gott nicht mehr der für uns ist, der er war, als wir plötzlich seine Liebe erkannten.

Wie in jeder Liebesbeziehung sind die Flitterwochen nicht von Dauer. Es ist die Liebe in guten wie in schlechten Zeiten, die bleibt – oder nicht bleibt, anders als zu Beginn, als alles sich nur um unser Vergnügen und unsere Tröstung drehte.

In groben Zügen ist diese Liebesreise immer dieselbe; die Einzelheiten hängen von der Persönlichkeit und dem Charakter desjenigen ab, der sich in Gott verliebt. Das Bild, das mir am besten gefällt – und es gibt viele Bilder –, ist das von einem kleinen Boot auf See. Das Boot bin ich, und ich fahre ruhig über stürmische Meere und trotze jedem Wetter. Das

Beständige ist nicht Gottes Macht, sondern Gottes Liebe, wie gut oder wie schlecht ich auch segele.

Es ist leicht, an Gottes Liebe zu glauben und Gottes Gegenwart zu fühlen, wenn die See ruhig ist und die Sonne scheint, wenn ich entspannt bin, mich sicher fühle und das warme Licht mich überflutet. Wenn der Sturm beginnt, ist es schon schwieriger. Je größer und stabiler das Schiff ist, desto leichter und sicherer überquere ich die stürmischen Fluten. Dem großen Schiff geben die Tugenden Stabilität, die das Selbst erweitern und ihm größeren Tiefgang verleihen. Eine solche Metapher ist ein Klischee, aber, Klischee hin oder her, sie entspricht dem, was ich auf meiner Reise mit Gott und in Gott erfahre.

Vielleicht finden Sie andere – technologisch fortschrittlichere – Bilder, um Ihre Lebensreise zu beschreiben, doch die persönliche Erfahrung und das persönliche Wissen ist und bleibt dasselbe: Von Glaube, Hoffnung und Liebe ist die Liebe das größte (vgl. 1 Korinther 13,13).

Die Liebe sorgt dafür, daß wir uns mit größerem Eifer um das Schiff kümmern als um uns selbst – zum Beispiel um die Frage, ob unser Glaube und unsere Hoffnung ausreichen werden. Alle anderen Tugenden, auch Glaube und Hoffnung, bauen auf der Liebe auf. Die Liebe läßt uns das Wetter aufmerksam, aber ohne Sorge beobachten.

Die Liebe ist da, wie das Wetter auch sein mag, denn die göttliche Liebe erhält Gottes Geschöpfe bei jedem Wetter. Wenn wir diese grundlegende Wahrheit einmal erkannt haben, wird die Welt verwandelt, und wir preisen Gott in und durch und mit allen Geschöpfen.

Wie Jacopone schreibt:

In jeglichem Geschöpfe
Hab ich nur dich gefunden
Und kehre heim voll Wunden,
Berauscht vom Dufte dein.

Und will zum andern Tor
Ich des Gefühls mich wagen,
Scheint alles, was ich fasse,
Dein Bildnis nur zu tragen.
Zu ihm, zu Christ am Kreuze
Woll' mich ans Ufer tragen ...[15]

Kapitel Fünf

KATHARINA VON SIENA: GOTTES VERBORGENE DINGE (1347–1380)

In den Vierzigerjahren des 20. Jahrhunderts, als ich noch ein kleiner Junge war und in Gallup, New Mexico, lebte, hatte ich keine Ahnung von der spirituellen Erweckung, die mein junges Leben erleuchten sollte. Ich liebte es, „Cowboys und Indianer" zu spielen, mit meinem Vater fischen und jagen zu gehen, auf den Veranden der Nachbarn Theater zu spielen und nach der Schule mit den Militärpolizisten am *Santa Fe Railroad Depot* herumzuhängen. Dann aber wurde mir plötzlich die unmittelbare und nahe Gegenwart Jesu und Marias und der Heiligen bewußt, mit deren Bildern ich in der Folgezeit die Wände meines Zimmers tapezieren sollte wie mit den Postern von Sporthelden oder Filmstars, und ich vernahm den Ruf Gottes, in die Fußstapfen des heiligen Franziskus und der Franziskaner an der *St. Francis of Assisi Church* zu treten und Priester zu werden.

Dieses lebhafte Gefühl der Gegenwart Gottes und der Obhut und Führung der Heiligen erfüllte mich mit dem heftigen Bedürfnis, mehr darüber zu erfahren, wer Gott ist und wer die Heiligen sind. So begann ich Bücher zu spirituellen Themen und insbesondere Heiligenbiographien zu verschlingen. Wenn sie ihr Leben selbst beschrieben wie die heilige Thérèse von Lisieux, las ich ihre Worte wieder und wieder – wenn auch stets mit einem Anflug von Furcht, daß ich vielleicht dasselbe würde leiden müssen wie sie. Doch es war nur ein *Anflug* von Furcht, und auch der wurde bald durch die Überzeugung ersetzt, daß Gott mir die Gnade geben würde, wie er mir auch das Gefühl –

denn ein Gefühl war es – gegeben hatte, daß er immer greifbar in meiner Nähe ist.

Diese Kindheitserfahrung führte dazu, daß ich als Vierzehnjähriger mein Zuhause verließ und in einem Greyhound-Bus zum 1500 Meilen entfernten Franziskanerseminar in Cincinnati, Ohio, reiste, um eine dreizehnjährige Pilgerfahrt bis zu meiner Weihe als Franziskanerpater anzutreten – eine Pilgerfahrt, die alles sein würde, nur nicht das, was ich mir darunter vorgestellt hatte, als ich im Überschwang meiner Berufung, ein Heiliger zu werden und der Welt die Botschaft von Gott zu bringen, den Bus bestieg. Wie bitter und zugleich süß sollte die Lektion sein, daß nicht unser eigenes, grandioses und pubertäres Streben nach Ruhm oder spiritueller Macht oder Heiligkeit, sondern nur Gottes Wille uns Frieden und Freude bringt.

Es ist im Rückblick nicht ganz einfach, diese Jahre zu rekonstruieren, als ich einerseits dieselbe Verwirrung und erwachende Sexualität erfuhr wie jeder Junge zu Beginn der Pubertät, andererseits jedoch darauf vorbereitet und dazu ermutigt wurde, die Keuschheit zu üben, die ich einst im Gelübde als meine Lebensweise erwählen würde. Meine einzige Verteidigung – und diese Strategie entwickelte ich im großen und ganzen selbst – gegen den starken Sexualtrieb war eine subtile „Verleugnung" meines eigenen Körpers und ein fast schon gewalttätiger Wille, meinen Körper von der spirituellen Welt zu trennen, in der ich mich zu leben bemühte. Ich betete und fastete, übte die Bewachung der Augen, wie man es damals nannte, und beichtete jeden Gedanken, der auch nur im Entferntesten etwas mit Sex zu tun haben konnte. Ich war ein pubertierender Jugendlicher, und deshalb war Sex die Sünde schlechthin, und aus demselben Grund war ich besessen von der Idee, mich selbst von sexuellen Gedanken und Handlungen freizumachen.

Was ich damals noch nicht verstand, war die Tatsache, daß Askese nicht danach strebt, den bösen Körper zu bestrafen, sondern die Illusion zu zerstreuen versucht, daß wir nur aus unserem Körper bestehen. Askese strebt danach, den Griff, mit dem unser

Körper uns gefangenhält, zu lockern, damit das Spirituelle hervorbrechen kann. Die Herrschaft des Körpers hindert den Geist daran, seine Gegenwart im Körper und durch den Körper zu offenbaren oder besser, die Wahrheit zu enthüllen, daß wir nicht nur Leib, sondern Leib und Seele sind, die nicht getrennt voneinander, sondern als eine Person existieren. Diese Person aber bildet nur dann eine Einheit, wenn beide, Körper und Seele auf eine gesunde, von Liebe erfüllte Weise zu ihrem Recht kommen.

Die Einigung von Körper und Seele, die in den dreizehn Jahren meiner Vorbereitung auf die Priesterweihe erfolgte, war eine Reise, die der, wie sie die Mystiker beschreiben, gar nicht so unähnlich war. Ihre extremen Bußübungen und einige ihrer Einstellungen zur Welt und zum Körper erinnern mich mitunter an die irregeleiteten Bußübungen meiner eigenen Jugend und erfüllen mich, was ihre Beweggründe betrifft, zuweilen mit Argwohn. Ich will auf diesen Seiten versuchen, zwischen gesunder und ungesunder Buße zu unterscheiden, eine Unterscheidung, die ich selbst auf meinem Weg zu einer ganzheitlichen Spiritualität erst habe lernen müssen.

Mit der heiligen Katharina von Siena betreten wir die Welt des Leibes: die Welt des Gebärens und Stillens, die Welt der Geliebten und des Liebhabers, die Welt der Verlobung und mystischen Vermählung. Zu Katharinas Zeit gab es, was den Leib betraf, viele unterschiedliche Vorstellungen: Man dachte ihn sich als einen hierarchisch strukturierten Gebäudekomplex – eine Kirche zum Beispiel oder einen Palast – mit vielen Räumen; oder als einen Tempel, in dem man bei der heiligen Kommunion mit Christus Zwiesprache hielt; oder als Haut, die die Seele so eng umschlossen hielt wie die Mauern einer Festung oder eines Mönchsklosters.

Von all diesen Bildern verwendet Katharina am häufigsten das vom Leib als einer Klosterzelle, in der sie vertraute Zwiesprache mit Christus hält. Er war ihr erschienen, als sie im Alter von sechs Jahren mit ihrem jüngeren Bruder auf dem Heimweg war. Von diesem Moment an bis zu ihrem zwanzigsten Lebensjahr führte ihr Weg sie immer tiefer in ihr Inneres – dem Ort ihrer Begegnungen und ihrer fortdauernden Beziehung mit dem Christus ihrer Visionen. Und was war sie für eine Visionärin!

Doch als sie zwanzig Jahre alt war, forderte Christus, der in einer tiefen mystischen Vermählung ihr Bräutigam geworden war, sie auf, das Kloster ihrer Seele zu verlassen, in die Welt hinauszugehen und ihren Mitmenschen zu dienen, wie er selbst es in der Zeit seines öffentlichen Wirkens getan hatte. Dieser Aufforderung kam Katharina mit einem Eifer nach, der zunächst die Mitglieder ihrer Familie, dann die Bürger von Siena, danach die kriegführenden Parteien von Siena und Florenz und schließlich die Kirche selbst umfaßte, als sie sich bemühte, den Papst zur Rückkehr aus der sogenannten Babylonischen Gefangenschaft in Avignon zu bewegen, die begonnen hatte, als Urban V. Rom verließ und 1309 nach Frankreich ging, und die noch zu Katharinas Lebzeiten endete, als das Papsttum in der Person Gregors XI. endlich von Avignon nach Rom zurückkehrte. Einige Jahre später starb Katharina 33jährig in Rom.

Die Einzelheiten dieses inneren und äußeren Lebens sind auch noch 700 Jahre nach jenem 14. Jahrhundert, das die Historikerin Barbara Tuchman einen „fernen Spiegel"[1] des 20. Jahrhunderts genannt hat, für uns hochinteressant. Katharinas Leben liest sich wie das Leben der Heldin in einem Märchen. Und so will ich wie ein Märchenerzähler mit dem Anfang der Geschichte beginnen.

Katharina Benincasa wurde als vorletztes von 25 Geschwistern und Tochter einer wohlhabenden Tuchfärberfamilie in der italienischen Stadt Siena geboren. Ihr dreistöckiges Wohnhaus steht noch heute – wie ein Sinnbild für die Bedeutung der Familie Benincasa, deren Name soviel heißt wie „gut zu Hause".

Ihre ersten Jahre waren die eines lebhaften und vielgeliebten Kindes, das sich in seiner Familie wohlfühlte. Dann aber ging Katharina, als sie sechs Jahre alt war, eines Tages mit ihrem Bruder nach Hause, und plötzlich sah sie in einer Vision

Christus, der eine päpstliche Tiara trug. Von diesem Moment an begann das Mädchen sich zu verändern. Mit sieben gelobte sie ewige Jungfräulichkeit, und an der Schwelle zum Erwachsenenalter mußte ihre Mutter sie drängen, sich regelmäßig zu waschen und ihr Haar zu pflegen.

Ich erinnere mich noch, daß ich diese Heilige als junger Seminarist nicht sehr nachahmenswert fand. Ich hielt sie für vollkommen verrückt, wie eine gestörte junge Frau in einem Horrorfilm oder wie die Geisteskranke in der Dachkammer in Charlotte Brontës *Jane Eyre*. Mit dieser Meinung war ich nicht allein.

Katharina schien Männern gegenüber so gleichgültig, daß ihre Mutter, nicht minder beunruhigt als ich, sich entschied, Katharinas verheiratete Schwester um Hilfe zu bitten, an der die junge Katharina sehr hing. Ihre Schwester unterwies sie in den Verhaltensweisen einer jungen Frau, und eine Zeitlang unternahm Katharina halbherzige Versuche, sich so zu benehmen wie ihre heiratsfähigen Altersgenossinnen. Als ihre Schwester unerwartet im Kindbett starb, änderten sich die Verhältnisse allerdings schlagartig, und die Familie beschloß, daß Katharina heiraten mußte. Doch das Mädchen widersetzte sich und schnitt sich mit Billigung ihres Beichtvaters die Haare ab.

Ihre Eltern waren außer sich und ließen sie als Dienstmagd im eigenen Haus arbeiten. Ähnlich wie Aschenputtel wurde sie verhöhnt und verspottet. Doch Katharina identifizierte sich von ganzem Herzen mit ihrer neuen Rolle und stellte sich vor, ihre Familie sei die Heilige Familie von Nazareth, der sie dienen dürfe. Zu dieser Zeit hatte sie auch kein eigenes Zimmer, und so begann sie sich einen inneren Raum vorzustellen: eine Zelle an einem abgeschiedenen Ort im Inneren ihres Herzens, wo sie betete und mit Gott Zwiesprache hielt. Wie oft sehnen sich auch die Männer und Frauen unserer Zeit nach einem eigenen Raum, der sie schützt vor der lärmenden Geschäftigkeit des Lebens, und finden ihn nur in ihrem Inneren: im Raum des Gebets und der Kontemplation.

Zu dieser Zeit hatte Katharina das Ziel, sich den weltlichen Dominikanerterziarinnen anzuschließen, einer Gruppe ortsansässiger Frauen, die den Armen dienten und zu Hause ein geweihtes Leben führten. Doch aufgrund ihrer Jugend und Schönheit lehnten die Dominikanerinnen es ab, sie aufzunehmen, bis Katharina von einer Krankheit, vermutlich Windpokken, befallen wurde, die ihr Gesicht entstellte.

Auch ihre Familie willigte schließlich ein, daß Katharina in den Drittorden der Dominikanerinnen eintrat, und nachdem ihr Vater eine Taube über der betenden Katharina hatte schweben sehen, bekam sie auch ihr eigenes Zimmer zurück. Fast sofort begann ihr inneres Leben zu blühen, und sie erlebte so viele und so lebhafte Visionen, daß ihr Zweifel kamen, ob sie wirklich von Gott stammten. Doch Jesus versicherte ihr, daß sie aufgrund ihrer Demut echt waren, und gab ihr eine Faustregel, um die Authentizität ihrer Visionen zu überprüfen: Sie solle sich bewußt machen, daß sie diejenige ist, die nicht ist, und daß Gott derjenige ist, der ist. Wenn sie an diesem Bewußtsein festhalte, werde der Feind sie niemals täuschen.

Manche zucken zusammen, wenn sie hören: „Du bist die, die nicht ist", weil sie diese Worte psychologisch verstehen. Sie verstehen: „Du bist nichts; du zählst nicht." Doch die Menschen des Mittelalters verstanden diese Worte nicht psychologisch, und auch Gott meinte sie nicht psychologisch, als er sie Katharina gegenüber äußerte. Die Worte sind metaphysisch; sie beziehen sich auf die unendliche Entfernung zwischen dem Schöpfer, der *ist* („Ich bin der Ich-bin", sagt Gott zu Moses in Exodus 3,14), und seinem Geschöpf, das verglichen mit dem Schöpfer *nicht* ist. Wir sind in unserem Dasein und in unserer Fähigkeit, „ich bin" zu sagen, voll und ganz von jenem einen abhängig, der reines Sein ist und der allein sagen kann: „Ich bin."

Mittelalterliche Mystiker und insbesondere Katharina hatten ein starkes Selbstbewußtsein. In ihren Beziehungen zu anderen war sie keineswegs „eine, die nicht war" – das galt nur für ihre Beziehung zu Gott. Katharina war eine starke, erstaunliche

Frau, die als Frau unter Frauen und Männern durchaus wußte, wer sie war, die aber auch wußte, daß sie ein Geschöpf Gottes war. Sie war *von* Gott, aber sie war nicht Gott.

Wenn sie versucht gewesen sein sollte zu denken, daß ihre Visionen sie im Vergleich mit anderen zu etwas Besonderem oder Besserem machten, lernte sie jedenfalls sehr rasch, daß Visionen nicht immer nur Licht und Lieblichkeit sind. Zu einem bestimmten Zeitpunkt ihrer dreijährigen Einsamkeit in ihrer Zelle traten dämonische Erscheinungen und Stimmen an die Stelle der süßen Gegenwart Christi, und überall in ihrer Zelle sah sie kopulierende nackte Paare. Auch das Dröhnen in ihren Ohren wurde so unerträglich, daß sie ihren Raum verließ und Kirchen aufsuchte, in denen sie bleiben und beten konnte, ohne daß die Dämonen sie bedrängten. Doch sobald sie nach Hause in ihr Zimmer zurückkehrte, begannen die Dämonen erneut, ihr zuzusetzen und sie zu versuchen.

Sie verdoppelte ihre Gebete und Bitten, doch nichts half. Schließlich, völlig erschöpft und kurz davor zusammenzubrechen, kam ihr der Gedanke, sich bewußt zu machen, daß sie die war, die nicht war, und sie warf sich auf die Gnade Gottes und vertraute einzig auf ihren Geliebten. Dann sagte sie den Dämonen, sie sollten mit ihr tun, was sie wollten – sie fand sie einfach nur noch zum Lachen! Fast sofort ließen die dämonischen Visionen und Stimmen nach und verschwanden.

Später in ihrem Leben sagte Katharina, nicht die Dämonen seien das Schreckliche an dieser Erfahrung gewesen, sondern daß sie in ihrem Geist waren und sie noch nicht wußte, daß sie nicht ihr Geist war. Daß sie sich letztendlich über sie lustig machen konnte, verdankte sie der Tatsache, daß sie imstande war, sich von ihren eigenen Gedanken zu distanzieren. Gedanken verändern sich, doch die Mitte dessen, was wir sind, das Selbst, geht darüber hinaus und ist dauerhafter als wandelbare, fließende Gedanken.

Wir alle kennen solche Erfahrungen, wie Katharina sie gemacht hat. Da ist zum Beispiel etwas, wovor wir unser Leben lang Angst gehabt haben, etwas, das uns erschreckt und wovor wir weglaufen und von dem wir uns tyrannisieren lassen. Und dann drehen wir uns eines Tages um und sehen dem, was uns verfolgt hat, ins Gesicht, und da ist gar nichts, oder das, was da ist, ist viel kleiner, viel weniger bedrohlich, als wir es uns vorgestellt haben. Gott sagte Katharina, sie solle sich nicht auf ein Gespräch oder eine Diskussion mit den Dämonen einlassen, weil sie dann Macht über sie hätten. Doch indem sie sich selbst ganz auf den einen verließ, der *ist*, und die Dämonen verspottete, die ohne Gott machtlos sind, verloren die Dämonen selbst ihre Macht über sie.

Natürlich werden einige Leser, da bin ich mir ganz sicher, an Katharina sämtliche Symptome einer Psychose erkennen: die gespaltene Persönlichkeit, das Hören von Stimmen, dämonische Visionen und eine mystische Vermählung. Natürlich sind diese Anzeichen da, doch selbst wenn erwiesen wäre (was nicht der Fall ist), daß ihre Erfahrungen bis zu diesem Zeitpunkt auf eine vorübergehende Geisteskrankheit zurückzuführen waren, reiht doch das, was danach geschah, Katharina eindeutig in die Schar der Heiligen und Vertrauten Gottes ein.

In einer Reihe von Visionen und vertrauten Gesprächen mit Christus wird Katharina mit Jesus verlobt, der sich sodann in einer tiefen mystischen Erfahrung mit ihr vermählt und ihr einen Ring gibt, der aus der beschnittenen Vorhaut des Jesuskindes gefertigt ist. Katharina wird buchstäblich ein Fleisch mit Christus und seine Braut. Bei einer anderen Gelegenheit betete Katharina um ein reines Herz; daraufhin nahm Christus ihr Herz und brachte es nach einigen Tagen zurück. Es schlug, so sagte sie, lauter und stärker als zuvor, und sie wußte, daß Christus ihr sein eigenes Herz gegeben hatte, um andere zu lieben. Auch diese beiden Visionen mögen dem einen oder anderen noch immer als Symptome des Wahnsinns oder psychologische Projektionen einer gestörten jungen Frau erscheinen. Doch der überzeugendste Beweis dafür, daß Katharina nicht „verrückt geworden" war und sich unwiederbringlich in irgendeiner selbstversunkenen inneren Welt verloren hatte, ereignete sich in ihrem zwanzigsten Lebensjahr. Christus erschien an der Schwelle ihrer Zelle, trat aber nicht ein. Er forderte sie auf, aus ihrer Zelle herauszukommen, und von diesem Moment an sollte sie ihn lieben, indem sie ihre Mitmenschen liebte. Sie sollte wie er ein öffentliches Leben im Dienst am Nächsten führen, und sie tat es, selbstlos und heroisch, bis sie dreizehn Jahre später in Rom starb – wie Jesus selbst im Alter von dreiunddreißig Jahren.

Teresa von Ávila sagt, das echte Gebet sei dadurch gekennzeichnet, daß der Betende sich hineinbegibt, eine Weile dort verharrt und vernünftig genug ist, zum richtigen Zeitpunkt wieder herauszukommen. Jesus ist Katharinas – und unsere – Vernunft. Er hält Katharina sein eigenes Gebetsleben als Muster vor Augen: Er betete an einem abgelegenen Ort und kehrte dann zu den Haupt- und Nebenschauplätzen der Welt zurück, um zu predigen, zu heilen und anderen zu dienen; dann zog er sich erneut zurück und begab sich erneut unter die Menschen, um zu dienen – wieder und wieder dasselbe Muster aus Gebet und Nächstenliebe, Nächstenliebe und Gebet, und nie sind beide völlig voneinander zu trennen. Denn wenn wir beten, praktizieren wir die Nächstenliebe, und wenn wir Werke der Nächstenliebe tun, dann beten wir – auch wenn es Zeiten gibt, da das Beten, und Zeiten, da das Handeln dominiert. Keines von beiden kann über längere Zeit ohne das andere bestehen.

In den Jahren der Einsamkeit in ihrer Zelle entdeckte Katharina nach und nach durch Visionen, was in uns allen vorgeht, was wir aber nicht sehen: die Schlacht zwischen Gott und Satan; die vertraute Nähe zu Gott, die wir am greifbarsten in der Eucharistie erfahren; die Verwandlung in Christus, die sich unmerklich vollzieht und nur an den Früchten unseres Lebens, unserer Tugendhaftigkeit und Güte sowie an der Liebe zu erkennen ist, die wir anderen in konkreten Taten erweisen.

In gewisser Hinsicht sind wir alle wie Katharina von Siena. Einige von uns unterliegen letztlich dem Satan; die meisten von uns gehen als weniger selbstsüchtige Menschen aus Versuchung, Sünde und Vergebung hervor: als Menschen, die mehr geben, mehr lieben und sich ihrer Einheit mit Christus, seinem Leiden und Sterben und seinem Leben als Auferstandener in ihrem Alltag deutlicher bewußt sind. Wir lernen, daß wir nicht sind, oder besser: daß wir nur in Gott sind, der *ist*, und auf diese Weise lernen wir, wer wir wirklich sind.

Die meisten von uns sind nicht so heroisch, wie Katharina es in dem aktiven Leben des Dienstes war, zu dem Christus sie aufforderte. In Erinnerung an ihre erste Vision, in der die Sechsjährige Christus mit der päpstlichen Tiara gesehen hatte, sollte Katharina entscheidend dazu beitragen, daß der Papst von Avignon nach Rom zurückkehrte und die Babylonische Gefangenschaft der Päpste ein Ende hatte.

In der Zwischenzeit machte sie sich daran, Familienfehden, innerstädtische Fehden und Fehden oder auch Kriege zwischen Städten zu beenden und brachte unzähligen Menschen Heilung im physischen wie psychischen Sinn. Doch ihre größte Herausforderung war ganz sicher, der Christenheit Frieden und Versöhnung zu bringen. Sie engagierte sich für die Rückkehr des Papsttums nach Rom, den Friedensschluß zwischen kriegführenden Parteien in Italien und Europa und für einen Kreuzzug, der den Muslimen das Christentum bringen sollte. Bei letzterem ging es nicht um einen militärischen Kreuzzug, sondern um etwas Größeres: die Evangelisierung der Muslime und ihrer Sultane durch Wort und Beispiel, nicht unähnlich dem, was Franziskus getan hatte.

Am 1. April 1375 hatte Katharina wie der heilige Franz von Assisi eine Vision, bei der sie die heiligen Wundmale empfing und das Große Abendländische Schisma (die Existenz zweier Päpste) vorhersagte, das vier Jahre später eintrat. 1378 gelang es Katharina endlich, Papst Gregor XI. zur Rückkehr von Avignon nach Rom zu bewegen. Gregor starb fast unmittelbar danach, im März desselben Jahres; sein Nachfolger, Urban VI., erwies sich als so unfähig, daß die Kardinäle im September einen neuen Papst wählten. Das war der Beginn des Großen Abendländischen Schismas. Katharina hielt Urban als dem wahren Papst die Treue und kam auf seine Bitte hin nach Rom, wo sie die letzten Jahre ihres Lebens verbrachte. Sie brachte Gott ihr Leben zur Buße für die Sünden der Kirche dar, eine Last, an der ihr Herz bis zuletzt schwer zu tragen hatte. Kurz vor ihrem Tod betrachtete Katharina ein Mosaik im Petersdom, das die Apostel beim Sturm auf dem See zeigt. Plötzlich löste sich ihr kleines Schiff – die Kirche – aus dem Mosaik und wurde auf ihre Schultern gelegt. Sie fühlte sein volles Gewicht und stürzte, vor Qual wie gelähmt, zu Boden. Man brachte sie in ihre Zelle, wo sie nach wochenlangem Siechtum am 29. April 1380 starb.

Zwei Dinge stechen an Katharinas Leben besonders hervor: die Intensität ihrer Bußübungen, die die meisten Menschen heute abstoßen, und die nahezu unglaubliche Lebendigkeit und der Detailreichtum ihrer Visionen, die die meisten Menschen unwiederbringlich in den Wahnsinn oder in eine märchenhafte, kindliche Phantasiewelt treiben würden. Doch Katharinas Visionen sind ihre private Welt, aus der sie heraustritt, um sich mit der Energie und Geschicklichkeit eines modernen, weltgewandten Diplomaten, Politikers oder Troubleshooters in das öffentliche Geschehen zu stürzen. Wie Thomas Morus hätte sie (selbst unter Heinrich VIII.) Kanzlerin von England oder einem beliebigen anderen Land sein können, ohne daß der Reichtum ihres inneren Lebens dadurch Schaden genommen hätte.

Ihr äußeres Leben ist sozusagen ein offenes Buch – wie aber verhält es sich mit dem Leben, das sie in jenem anderen Buch schildert, ihrem *Dialog*, den diktierten Erinnerungen an ihre inneren Ekstasen? Von den Mystikern, mit denen wir uns hier befassen, gibt Katharina mit am meisten von ihren mystischen Erfahrungen preis. Der *Dialog* ist trotz seiner trauten und oft originellen Bildlichkeit ebenso lang wie vielschichtig und kann – zumindest nach meinem Eindruck – nur in kleinen Portionen gelesen werden.

Katharina hatte mit der Arbeit an ihrem *Dialog* begonnen, ehe sie 1378 nach Rom übersiedelte. Zu dieser Zeit hielt sie sich in einer Burg außerhalb von Siena auf, wo sie zwischen kriegführenden Parteien innerhalb ihrer eigenen Familie Frieden gestiftet hatte. Sie nennt das Manuskript einfach „das Buch" oder „mein Buch". Ihr Beichtvater und erster Biograph Raimund von Capua gab ihm später den Titel *Dialog*. Es besteht aus Gesprächen zwischen dem ewigen Vater und Katharina, die er „seine sehr liebe Tochter und sein vielgeliebtes Kind" nennt. Das Buch, das eine von anderen angefertigte Mitschrift dessen ist, was Katharina während ihrer Ekstasen sprach, handelt von der Güte Gottes, die der ewige Vater selbst abschließend in diesen Worten zusammenfaßt: „Ich habe dir gesagt, daß ich mich der Welt erbarmen will, um dir zu zeigen, daß Erbarmen mein ureigenes Merkmal ist."[2]

Das Symbol, zu dem sich Gottes Güte verdichtet, ist die Brücke, die Christus ist, Gottes Sohn. Katharina entwickelt dieses Symbol auf verschiedene Arten, die Sigrid Undset in ihrer Biographie der heiligen Katharina (dem einzigen Buch über Katharina von Siena, das mich als jungen Seminaristen nicht abgeschreckt hat) brillant zusammenfaßt. Undset erläutert das Bild der Brücke und zeigt seinen Reichtum als Symbol unserer Vertrautheit mit Gott. Die Stufen der Brücke werden mitunter als ein Besteigen der Brücke des Kreuzes dargestellt: Zuerst küßt man Christi Füße, dann die Wunde in seiner Seite, dann seinen Mund. Diese drei Stufen stehen für die Stadien auf dem Weg der Vereinigung mit Gott: Die erste ist Furcht vor Gottes Strafe, die uns bereits unter das Kreuz geführt hat; die zweite symbolisiert den treuen, aber unvollkommenen Dienst in der Nachfolge Christi, der noch zum Teil durch die Hoffnung auf die Belohnung motiviert ist, die wir dafür erhalten werden; und die dritte Stufe ist die Liebe zu Gott um Gottes und nicht um seiner Gaben willen.

An einer anderen Stelle im *Dialog* sind diese drei Stufen Symbole für Eigenschaften der Seele – Erinnerung, Intelligenz und Wille – die, wie Katharina aus einem Bibelwort ableitet, uns zur Vereinigung mit Christus führen, „denn wo zwei oder drei in meinem Namen versammelt sind, da bin ich mitten unter ihnen" (Matthäus 18,20), wobei diese zwei oder drei Erinnerung, Intelligenz und Wille sind. Katharinas Visionen sind das beste Beispiel dafür, wie wirkungsvoll diese drei zusammenarbeiten können: (1) die Erinnerung an die Vision, (2) die Intelligenz, zu unterscheiden, was von Gott und was von Satan stammt, und (3) der Wille, der Botschaft der Vision konsequent zu folgen.

Der ursprüngliche *Dialog* ist in Katharinas schönem toskanischen Dialekt verfaßt, der sich wie jede gut gesprochene Sprache unmöglich adäquat übersetzen läßt. Das Buch zählt zu den Meisterwerken der italienischen Literatur.

Wie soll man sich nun zu dieser großen Mystikerin und ihren Offenbarungen stellen? Die Lebensweise der Mystikerin des Mittelalters wie der Moderne ist häufig schockierend oder strapaziert zumindest unsere Gutgläubigkeit. Wenn man sich die Ereignisse in Katharinas Leben anschaut, so ist man schon bei der Vision, die sie als Sechsjährige hatte, versucht zu sagen, hier sei die Phantasie ihres ersten Biographen mit ihm durchgegangen, und er habe mit der unkritischen Frömmigkeit mittelalterlicher Hagiographen geschrieben, die ebenso geneigt waren, ungewöhnliche Ereignisse als etwas Übernatürliches darzustellen, wie wir heute bestrebt sind, das Außergewöhnliche psychologisch zu deuten oder für alles nach einer wissenschaftlichen Erklärung zu suchen.

Aus moderner Sicht sind Katharinas Handlungen extrem. Dieselben Extreme finden sich aber auch im Leben moderner Mystiker wie Simone Weil oder Caryll Houselander, die beide in der Beurteilung ihres Lebens alles andere als unkritisch waren und die beide unter der kritischen psychologischen und wissenschaftlichen Beobachtung ihrer Mitmenschen standen. Doch die Nagelprobe der Authentizität ist für sie dieselbe wie für uns: Nächstenliebe. Die Visionen und Ekstasen der echten Mystiker tun ihrer Nächstenliebe keinen Abbruch und nehmen ihnen nichts von ihrer Fähigkeit, mit ihrem ganzen Sein auf die beiden Gebote Christi zu antworten: Gott mit ganzem Herzen, ganzer Seele und allen Gedanken zu lieben und unseren Nächsten zu lieben wie uns selbst.

Das visionäre Leben der Mystiker läßt ihre Nächstenliebe und ihr Engagement für andere im Gegenteil sogar größer werden. Denn zum einen sind ihre Ekstasen in der Regel vergleichsweise kurz – sie leben nicht in ständiger Ekstase. Und zum anderen wirken die echten Mystiker zwar während der Ekstase vollkommen geschwächt und bisweilen sogar geradezu komatös, kehren danach aber zu einem intensiven Leben im Geist des Evangeliums zurück, um ihren Mitmenschen – vor allem den Kranken und gesellschaftlich Ausgegrenzten – zu dienen oder sich mit den sozialen und kirchlichen Problemen ihrer Zeit zu befassen. Die Ekstase oder Vision treibt die Mystikerin mit anderen Worten nicht nach innen zu egoistischer Selbstbeschauung, sondern zieht sie aus sich heraus und zu Gott, von wo aus sie gleichsam wiederaufgeladen zurückkehrt, um Gottes Geschöpfe nur noch mehr zu lieben. Die echte Vision ist Gottes Werk, Gottes Initiative, und nicht das Erzeugnis eines kranken Geistes. Sie führt zur Nächstenliebe und nicht zur Selbstbezogenheit, die uns nur lähmt, wenn es darum geht, Gutes zu tun.

Betrachtung

Weißt du, wie sich diese drei Tugenden zueinander verhalten? So als hättest du einen runden Reifen auf die Erde gelegt und aus seiner Mitte entsproßte ein Baum und triebe seitlich aus seinem Stamm einen Schößling hervor, der mit ihm verbunden ist. Der Baum zieht seine Kraft aus der Erde, die vom Reifen umspannt wird; denn wenn der Baum nicht in diesem Erdreich stünde, so wäre er tot und brächte keine Frucht.

Stelle dir also deine Seele als einen Baum vor, der von der Liebe erschaffen ist und deshalb einzig von der Liebe zu leben vermag. Somit ist es wahr, daß die Seele keine Früchte des Lebens, sondern nur solche des Todes erzeugt, wenn sie die göttliche Glut vollkommener Nächstenliebe nicht besitzt. Die Wurzel dieses Baumes, nämlich das Liebesvermögen der Seele, muß im Reifen der wahren Selbsterkenntnis ihren Standort haben und daraus emporwachsen. Diese Erkenntnis ist in Mir geeint, der ich weder Anfang noch Ende habe, wie der runde Reif; du kannst dich darin noch so um und um drehen, du findest weder Anfang noch Ende und bist doch ganz darinnen. Diese Selbsterkenntnis und in ihr die Erkenntnis Meiner findet sich und besteht im Erdreich der echten Demut, die so weit reicht wie der Reifen, wie die Selbsterkenntnis nämlich, zu der sie in der Einigung mit Mir gelangt ist. Sonst wäre es kein Reif ohne Ende noch Anfang, sondern er hätte einen Anfang, weil die Seele selber begonnen hätte, sich zu erkennen, und müßte somit in der Verwirrung endigen, falls diese Erkenntnis nicht in Mir geeint wird.

So nährt sich also der Baum der Liebe von der Demut und treibt aus seinem Stamm das Schoß der Unterscheidung hervor. Das Mark dieses Baumes ist die Geduld; sie ist das unverkennbare Zeichen dafür, daß Ich in der Seele wohne und diese in Mir geeint ist.[3]

Kapitel Sechs

JOHANNES VOM KREUZ: GEFANGENER DER LIEBE (1542–1591)

Eines der größten mystischen Gedichte überhaupt wurde im Gefängnis von einem Karmelitenpriester verfaßt, den wir heute unter dem Namen Johannes vom Kreuz kennen. Das Entstehungsjahr war 1578, und das Gefängnis befand sich in Toledo, der berühmten spanischen Stadt, deren Ansichten uns der große Maler El Greco gleichsam in die Netzhaut gebrannt hat. Dunkel und verboten ist die Stadt Toledo auf den Gemälden von El Greco.

Im *Cincinnati Art Museum* hängt ein Bild von El Greco, das den Titel trägt „Christus am Kreuz mit Ansicht von Toledo". Dunkel sind die Hügel, dunkel ist die Stadt, dunkel sind die Wolken, der gesamte Hintergrund ist dunkel, abgesehen von dem Licht, das von dem gekreuzigten Christus im Vordergrund ausgeht. Sein ausgestreckter Leib beherrscht die Leinwand, sein Kopf ist himmelwärts gerichtet, sein Blick kontemplativ entrückt.

Das Kreuz selbst scheint auf den ersten Blick in eine feindselige Landschaft oder besser, Stadtlandschaft „hineinmontiert". Einzige Lichtquelle und zugleich Sinnbild der Stadt ist die Gestalt des Gekreuzigten. Das Kreuz steht auf einem Hügel im Vordergrund, der an den Kalvarienberg gemahnt. Durch die Art, wie der Maler das Licht einsetzt, scheint die Gestalt Christi die Farbe der Stadtgebäude zu tragen – das einzig erlösende Merkmal in dieser dunklen, stürmischen Landschaft.

Wenn ich dieses Bild von Christus am Kreuz betrachte, dann erinnert es mich auf eigentümliche Weise an den Christus aus der persönlichen dunklen Nacht des heiligen Johannes, der in irgendeinem dieser kalten, abweisenden Gebäude gefangengehalten wird. Von einem seiner eigenen Brüder verraten, der sich seinen Reformen der karmelitischen Lebensweise widersetzte, wurde Johannes neun Monate lang in einen zwei mal drei Meter großen Raum gesperrt, den er nur von Zeit zu Zeit für einen kurzen Ausflug ins Refektorium verlassen durfte, wo man ihn auspeitschte, ihm nur Wasser und Brot zu essen gab und ihn dann wieder in seine Isolationshaft zurückschickte. Er beklagte sich nicht und verwünschte seine Peiniger nicht. Statt dessen trat er ein in jene dunkle Nacht, die nur von einem Licht erleuchtet war, das er nicht sehen konnte und das ihm ebenso dunkel und schwarz erschien wie die Nacht in seiner Gefängniszelle.

Vom 3. Dezember 1577 bis zum August 1578 ergab er sich der Dunkelheit und ließ sein verborgenes Licht seine Seele läutern. Er schrieb Gedichte, aus denen sein „Geistlicher Gesang" wurde. Im August entkam er auf wunderbare Weise und fand Aufnahme bei den Nonnen der heiligen Teresa von Ávila in Toledo. Wie die ausgestreckte, ausgezehrte Gestalt des gekreuzigten Christus war Johannes durch seine Gefängniserfahrung ausgezehrt worden, und diese Auszehrung bewahrte er für die Nachwelt auf.

Johannes schrieb die Strophen seines Gedichts „Die dunkle Nacht" und die seines „Geistlichen Gesangs" und fügte beiden ausführliche Erläuterungen hinzu. Sie erklären, weshalb das Licht auf El Grecos Bild vom Leib des Gekreuzigten ausgeht. Von einigen hellgrauen Fetzen abgesehen findet sich am Himmel keinerlei Licht. Das Licht kommt von innen, wie der heilige Johannes in der dunklen Nacht erklärt.

Auf dem Gemälde bricht das Licht dieser entsetzlichen Reise durch die Haut Christi, deren Farbton den dunklen Himmel und die dunklen Falten seines Leibes erhellt. Er verwandelt sich in einen geschmeidigen, aufwärtsstrebenden Menschen, der – mit Ausnahme der verdrehten Arme und Beine – wie die Metapher einer Engelsgestalt wirkt. Das Licht ist durchscheinend, aber nicht strahlend oder grell. Es offenbart sich nur insofern, als das Fleisch des Menschen dank einer Lichtquelle, die nicht die Sonne ist, überhaupt als das Fleisch eines Menschen sichtbar wird.

Christus wird zu einem erleuchteten Menschen, wobei diese Erleuchtung einzig darin besteht, daß in dem Licht, das er selbst geworden ist, seine Menschheit sichtbar ist. Das ist das Licht der dunklen Nacht des heiligen Johannes, wie es sich selbst in der Person dessen, der die göttliche Erleuchtung erfahren hat, offenbart. Selbst die dunklen Falten im Fleisch Christi scheinen sich zu glätten und, von demselben inneren Licht überzogen, Farbe anzunehmen.

Das Kreuz auf dem Gemälde besteht aus geraden, gut geschnittenen Balken; die Gestalt am Kreuz ist verdreht, nicht durch das Kreuz, sondern durch den Kampf zwischen Licht und Dunkelheit, jenem Kampf, der die Gestalt auseinanderreißt und ihr zugleich eine anmutige, fast flammenhafte Eleganz verleiht. In diesem Augenblick ist außer dem stumpfen, trockenen Blut an Christi Händen und Füßen nichts Blutiges oder Qualvolles an seiner Erscheinung. Und in seiner Seite ist keine Wunde! Er scheint bereits aufzuerstehen oder, besser vielleicht, aufzutauchen, denn unter der linken Achselhöhle scheint der Himmel sich wie ein schwarzes Stück Papier von ihm abzuschälen, scheint Christus aus dem schwarzen Himmel aufzutauchen, scheint sein Auftauchen die Schwärze zu zerreißen und sich daraus hervorzuschälen.

Daß Christus keine Wunde in seiner Seite hat, bedeutet, daß dieser Christus nicht der Christus ist, den ein Soldatenspeer von außen her verwundet hat; das ist der Christus, der seine eigene dunkle Nacht erduldet hat und nun daraus hervortaucht: der mystische Christus, der verwundet worden ist und nun aus einer inneren Verwundung der Gottverlassenheit auftaucht, die ganz Dunkel zu sein schien, doch sich als das Licht erweist, das seinen eigenen, verklärten Leib erleuchtet. Der furchtbare schwarze Himmel ist nur die dunkle Leinwand, in der diese mystische Gestalt gefangen ist. Sein Auftauchen ist das einzige Licht, das die Stadt Toledo zurückwirft – ein dumpfer Widerschein, aber doch eine Teilhabe an diesem Licht Christi.

Wie dieses großartige Gemälde, so sind auch die Gedichte des heiligen Johannes vom Kreuz Bilder für die innere Erfahrung, die sie wiederzugeben oder genauer, der sie sich anzunähern versuchen. Es sind nur Bilder, und doch spürt der Leser oder der Betrachter bei Johannes wie auch bei El Greco, daß sie „dort gewesen", daß sie mystische Seelen sind. In diesem besonderen Gemälde scheint El Greco den gekreuzigten Christus nicht auf eine weiße Leinwand, sondern auf eine Fläche zu malen, die bereits pechschwarz getüncht ist, und er scheint die Landschaft, die Stadt, den Gekreuzigten und andere Gestalten aus dieser Schwärze herauszulösen.

In Johannes' Gedicht „Die dunkle Nacht" beginnen die Bilder gleich mit der ersten Zeile, *„En una noche obscura"*, die vor allem aufgrund des Adjektivs *obscura* sehr schwer zu übersetzen ist. Es gibt mannigfaltige Übersetzungsversuche: „In einer dunklen Nacht", „Es war in dunkler Nacht", „Einmal, im Dunkel der Nacht", doch immer ist da das Wort *dunkel* für *obscura*, ein vielschichtiges Wort, in dessen Bedeutungsreichtum auch unser *obskur* enthalten ist. Und so schwierig und immer auch ein wenig unbefriedigend es ist, ein Gedicht aus einer Sprache in die andere zu übersetzen, so unangemessen sind auch Johannes' eigene spanische Worte und Bilder verglichen mit der Erfahrung selbst. Alles ist nur Annäherung. Doch wie sonst könnte einer das Unaussprechliche aussprechen wenn nicht mit Worten und Bildern und Metaphern, die bestenfalls nur Andeutungen und Hinweise auf das sind, was er in einem Augenblick gesehen hat, der sein ganzes Leben schlagartig veränderte?

Wenn ich dieses Gemälde im Gebet betrachte, frage ich mich, ob El Greco wohl Johannes' „Dunkle Nacht" gelesen hat. Oder hat er vielleicht Johannes' eigenes Kreuzigungsgemälde gekannt, das durch Salvador Dalí so berühmt geworden ist? Oder stammt El Grecos Gemälde aus etwas, das er selbst in seiner

Seele erfahren hat? Oder ist das innere Licht dieses Bildes etwas, das der alte Meister als junger Ikonenmaler in Griechenland gelernt hat? Wie dem auch sei, ich fühle mich von diesem Gemälde angezogen; letzten Endes lande ich immer bei ihm, ganz gleichgültig, aus welchem Grund ich ursprünglich ins Museum gegangen bin. Und dann kann ich es mir auch nicht einfach nur ansehen: Es zieht mich in sich hinein; es lädt zur Kontemplation ein.

Johannes' Gefangenschaft war mit ihren düsteren Einzelheiten ein Archetyp, ein Urbild jenes inneren Ringens, das er als dunkle Nacht der Seele beschrieb. Die Gedichte, die aus seiner eigenen dunklen Nacht hervorgingen, „Die dunkle Nacht" und „Der geistliche Gesang", sind beide voller Licht, obwohl das eine dunkel heißt; und genau das ist auch der Kern von Johannes' mystischer Reise und seiner spirituellen Lehre.

Paradoxerweise enthält Johannes' „Dunkle Nacht" ebensoviel Licht wie sein „Geistlicher Gesang". Er sagt, die dunkle Nacht sei in Wirklichkeit ein „Einwirken" Gottes auf die Seele, jedoch ein Einwirken, das uns von unserer natürlichen und geistlichen Unwissenheit und Unvollkommenheit läutert. Die dunkle Nacht ist tatsächlich eingegossenes Licht, doch die unvollkommene Seele weiß und versteht nicht, was geschieht. Grund hierfür ist, daß die Seele bis zu diesem Zeitpunkt intensiv bemüht gewesen ist, sich für die Gnade Gottes bereit zu machen. Wenn ihr dann aber die Schau Gottes eingegossen wird, ist die Seele blind und sieht nicht, daß Gott am Werk ist, und das, was Dunkelheit zu sein scheint, ist in Wirklichkeit ein so blendend helles Licht, daß wir nichts mehr zu sehen vermögen. Johannes vergleicht den Versuch, diese eingegossene Schau zu sehen, mit dem Versuch, in die Sonne zu sehen. Gott ist tief in uns am Werk, und weil dort noch immer Niedrigkeit und Unreinheiten sind, ist das Licht so quälend, daß es kein Licht, sondern Dunkelheit zu sein scheint. Mit anderen Worten: Wenn wir nicht ganz und gar erleuchtet sind, verursacht dieses Licht spirituelle Blindheit, Dunkelheit.

Außerdem fühlt sich die Seele unrein, wenn dieses Licht in sie hineinkommt, und die Person, die von diesem Licht erfüllt wird, hat den Eindruck, daß Gott sich gegen sie wendet. Die Person leidet, weil Gott sie ganz und gar verlassen zu haben scheint, obwohl tatsächlich genau das Gegenteil der Fall ist. Doch die Person braucht Zeit, um sich auf dieses neue Licht einzustellen und zu sehen, was in dieser „dunklen" Erleuchtung tatsächlich geschieht.

Gottes mystisches Licht, das die Seele ärmer zu machen und ihr ihre natürlichen Anhänglichkeiten und Besitztümer zu rauben scheint, bereitet sie in Wirklichkeit darauf vor, in der Loslösung von allen irdischen und himmlischen Dingen diese voll und ganz und mit göttlicher Freiheit zu genießen. Bei Johannes besteht wie bei allen Mystikern der Sinn der dunklen Nacht, des Lebens in der Dunkelheit darin, rein und ganz offen für Gott zu werden – um dann jedoch das Licht und dank dieses Lichts zu sehen. Denn das bedeutet Kontemplation: dank des eingegossenen göttlichen Lichts zu sehen.

Weil er ein Dichter ist, sieht Johannes mit Hilfe von Metaphern, die er in ebenjenem göttlichen Licht zu sehen gelernt hat. Es sind Metaphern der Intimität mit dem göttlichen Liebhaber, den Johannes im „Geistlichen Gesang" mit einem Hirsch vergleicht, der ihn verwundet hat.

1. Wo ist der Ort, wo mein Geliebter weilet?
Warum hat seufzend er mich hier verlassen?
Dem Hirsche gleich ist flüchtig er enteilet
Und hat verwundet mich zurückgelassen.
Ich lief ihm nach und konnt' ihn nicht mehr fassen.[1]
(...)

9. Nachdem du tief verwundet dieses Herz,
Warum hast du es ungeheilt verlassen?
Und da du zugefügt ihm Leid und Schmerz,
Warum hast du es doch so liegen lassen,

Ohn' deine Beute, die du doch geraubt, zu fassen?[2]

11. Eil', deine Gegenwart mir zu enthüllen,
Laß mich vom Anblick deiner Schönheit sterben;
Denn sieh, mein Liebesschmerz ist nur zu stillen,
Wenn du den dichten Schleier hebst, den herben,
Und mich den Anblick läßt deiner Gestalt erwerben.[3]

Und Christus, der Bräutigam, antwortet der Seele und nennt sie
Taube und Braut:

Mein Täublein, sieh den Hirsch – o kehr zurücke! –
In Wunden, die von seiner Lieb' er trug,
Sich auf dem Hügel zeigen deinem Blicke
Beim sanften Wehen deines Flugs, das ihn erquicke.[4]

22. Die Braut ist in den Garten eingegangen,
Den wonniglichen, den sie sich ersehnt,
Und ruht, wie sie im Herz trug das Verlangen,
Den Hals wohl auf den süßen Arm gelehnt,
Den ihr der Liebste liebevoll entgegendehnt.

23. Dort unterm Apfelbaum wardst du die meine,
Dort hab' ich dich zu meiner Braut erkoren,
Dort legt' ich meine Hand sanft in die deine,
Dort kamst zu Ehren du, die auserkoren,
Wo deine Mutter ihre Ehre einst verloren.[5]

Es ist die Sprache der Liebesekstase. Die Seele ist eine weibliche Braut, die verwundet wird, als Gott in ihr innerstes Sein eintritt. Ihren Taumel hat Bernini in seiner Skulptur „Die Verzückung der heiligen Theresa" auf wundervolle Weise wiedergegeben. So sinnlich, so erotisch ist dieses Marmorbildnis, daß einige Sittenwächter es, als sie es zum ersten Mal sahen, für obszön oder zumindest unziemlich erklärten.

Die Texte des heiligen Johannes vom Kreuz zu lesen heißt, diese Welt der ekstatischen Vertrautheit mit Gott zu betreten, der die Sehnsucht der Seele allein zu stillen vermag. Diese Ekstase ist um den hohen Preis der Läuterung und Erleuchtung erkauft, die Dunkelheit zu sein scheint, eines Lichts, das Dunkelheit zu sein scheint, weil Gott nun einmal die Angewohnheit hat, unsere Art, die Dinge zu sehen und unser Leben zu leben, auf den Kopf zu stellen. Sie umfaßt die Paradoxa des Evangeliums: daß das Samenkorn in die dunkle Erde fällt und stirbt, um zu wachsen; daß man sein Leben verlieren muß, um es zu finden; daß man seinen ganzen Besitz verkauft, um alles zu besitzen; daß man das Kreuz auf sich nimmt, um aus seinen gekreuzten Armen in den Himmel aufzuerstehen. Diese Vertrautheit wird durch die göttliche Kontemplation hervorgerufen, die der Seele eingegossen wird, nachdem sie sich auf den Weg des Paradoxen begeben hat und versucht, nach der Bergpredigt Christi zu leben.

Durch seine eigenen Bemühungen auf der einen und Gottes eingegossene Schau auf der anderen Seite ist dem Mystiker eine Mitte geoffenbart worden, innerhalb deren Gott in vertrauter Vereinigung mit der Seele wohnt und wo, wenn der Mystiker dem entspricht, was ihm oder ihr gezeigt worden ist, in der Seele ein Frieden herrscht, der immer währt – trotz des Auf und Ab aus Verrat und Vertrauen, Schuld und Vergebung, das jedes Leben kennzeichnet.

Jesus klagt, daß wir Augen haben, aber nicht sehen, und daß wir Ohren haben, mit denen wir nicht richtig hören. Die Kontemplation, die aus der dunklen Nacht der Seele erwächst, gibt uns Augen, um zu sehen, und Ohren, um göttlich zu hören. Johannes drückt dieses Phänomen so aus:

36. O mein Geliebter, laß uns fröhlich sein!
Daß wir in deiner Schönheit schauen gingen
Zum Berge und zum Hügel, wo so rein

Und ungetrübt die Wasser klar entspringen.
O laß uns weiter vorwärts in die Tiefen dringen![6]

In Christi Schönheit werden wir uns selber sehen, und wir werden Christi Schönheit überall sehen. Es ist eine Gnade, alles in dieser Weise wahrzunehmen und zu erfahren:

39. Das Lüftchen, das da weht so sanft und stille,
Der Sang der Nachtigall so süß und sacht,
Der hehre Hain mit seiner Anmutsfülle
In wunderbarer klarer Sternennacht,
Die Flamme, die verzehrt und doch nicht Schmerz entfacht.[7]

Peinlich genau erklärt der heilige Johannes vom Kreuz – wie auch in der „Dunklen Nacht" – jede einzelne Strophe. Diese Kommentare bilden die eigentliche Textmasse sowohl der „Dunklen Nacht" als auch des „Geistlichen Gesangs" und wurden auf Bitten anderer geschrieben, die genauer wissen wollten, was diese Metaphern und Bilder des Gedichts im Hinblick auf das innere Leben zu bedeuten hatten. Man muß diese Kommentare sorgfältig und betend lesen, denn sie sind ebenso dicht und zuweilen kompliziert, wie die Gedichte in ihrer Bildlichkeit transparent und einfach sind. Die Prosaerläuterungen hat der Theologe und Kirchenlehrer Johannes verfaßt; die Gedichte stammen von dem Liebenden und Mystiker, der nach Metaphern sucht, um seine intimen Gotteserfahrungen zum Ausdruck zu bringen. Sie sind die Lieder des Liebenden.

Ich ziehe die Gedichte der Prosa vor, weil eine Metapher unendlich viele Lesarten und Entsprechungen ermöglicht, die die Prosa zur eigenen Interpretation des Autors festschreibt. Die Gedichte sind für mich die Erfahrungen selbst, und die Prosa ist die Erklärung dessen, was sie für den Autor bedeuten. Die Gedichte schließen die Welt meiner eigenen Erfahrungen auf; die Prosa führt mich hinein in die Erfahrungswelt des Autors.

Für mich ist es sehr viel kongenialer und aufregender, wenn die Gedichte mir ähnliche Sehnsüchte und Vertrautheiten suggerieren und Erfahrungen in mir auslösen, die sich dann wiederum in ihren eigenen Metaphern auszudrücken suchen. Vielleicht liegt das an meiner Schwäche für Poesie, aber ich denke, es hat auch etwas mit dem Wesen der Dichtung zu tun, die mittels Bildern, Metaphern und Klängen mehr sagt als sie sagt, auf das eine hinweist und das andere andeutet. Wie ein befreundeter Rabbiner einmal zu mir sagte: „Dichtung ist Gottes Sprache; Theologie ist Menschensprache."

In gewisser Hinsicht ist es faszinierend, daß Johannes sein eigenes Gedicht erklärt; Dichter tun das in der Regel nicht, sondern ziehen es vor, das Gedicht so stehenzulassen, wie es ist, weil das die beste und einzige Möglichkeit ist, die Aussage des Gedichts zu formulieren. Doch Johannes ist mehr als ein Dichter. Er ist ein demütiger Seelenführer, der weiß, daß es nicht jedem gegeben ist, Gedichte zu lesen, und daß viele zur Dichtung keine Beziehung haben. So ist es der Wunsch seiner priesterlichen Seele, anderen auf ihrem Weg zu Gott zu helfen. Er hat seine eigene Gotteserfahrung in seinen Gedichten niedergeschrieben. Die, die es können, werden sie lesen, und die, die es nicht können, führt er durch die Gedichte, indem er ihnen Schritt für Schritt erklärt, was die Metaphern und Bilder und Klänge des Gedichts im Hinblick auf die Beziehung Gottes zur Seele zu bedeuten haben.

Natürlich kann keine mystische Lektüre die eigene Begegnung mit Gott, die eigene spirituelle Reise ersetzen. Doch wer sich auf diesen Weg begeben hat, der findet in Johannes vom Kreuz einen Gefährten und Führer, der sein Leiden und seine Erfahrungen genau versteht, der ihn unterwegs ermutigt und ihm sagt, daß das, was er durchmacht, aufeinanderfolgende Etappen sind, die dunkel zu sein scheinen, doch zu göttlicher Erleuchtung und zur Vereinigung mit Gott führen. Er rät zur Beharrlichkeit in dem, was dem Neuling eine nicht enden wollende dunkle Nacht zu sein scheint, eine dunkle Nacht, in der es kein Licht gibt noch jemals geben wird.

Mit Johannes als Führer spürt man, daß die Dunkelheit nicht ewig währt, daß diese Dunkelheit in Wirklichkeit Licht ist. Sie ist ein Licht, das zuletzt geoffenbart werden wird, ein göttliches Licht, in dem wir alle Dinge neu sehen werden. Genau das ist letzten Endes Kontemplation.

Selbst eine nur kurze Zusammenfassung der Biographie des heiligen Johannes vom Kreuz zeigt anschaulich, daß er genauso wie Franz und Katharina nicht einfach ein weltentrückter Mystiker, sondern ein Mann von intensiver apostolischer Wirksamkeit war. Juan de Yepes wurde als jüngster Sohn von Gonzalo de Yepes und Catalina Alvarez 1542 in Fontiveros in Altkastilien, Spanien, geboren. Mit drei Jahren verlor er seinen Vater, und die Familie – Seidenweber, die ohnehin schon nicht viel hatten – blieb mittellos zurück. Um ihre beiden Söhne zu versorgen, zog Catalina schon bald mit der Familie nach Medina del Campo, einer spanischen Handelsstadt. Dort besuchte Juan mit neun Jahren eine Schule für arme Kinder und erwies sich als ein guter und fleißiger Schüler. Als er im Anschluß daran jedoch in die Lehre gehen sollte, stellte sich heraus, daß er nicht in der Lage war, ein Handwerk zu erlernen. Darauf nahm ihn der Leiter des Hospitals von Medina in seine Dienste, und Juan zeigte eine Begabung im pflegerischen Bereich. Als er Gelegenheit hatte, an der nahegelegenen Jesuitenschule zu studieren, zeigte er erneut herausragende Leistungen. Nachts nach der Krankenhausarbeit las er die Klassiker und begann, von den Jesuiten ermutigt, Literatur zu studieren und Gedichte zu schreiben.

Im Alter von 21 Jahren trat er in das Noviziat der Karmeliten ein und verbrachte danach vier Jahre mit dem Studium der Philosophie und Theologie an der Universität von Salamanca. Daß er sich ausgiebig mit der Bibel beschäftigt hat, erkennt man an den zahlreichen Bibelzitaten und biblischen Anspielungen in seinen Schriften. 1568 legte er als Juan de la Cruz, Johannes vom Kreuz, die ewigen Gelübde ab. Schon zu diesem Zeitpunkt fühlte er sich stark zum kontemplativen Leben hingezogen und dachte ernsthaft darüber nach, sich den Kartäusern anzuschließen, bei denen er in größerer Stille und Einsamkeit hätte leben können. Als er jedoch nach Medina zurückkehrte, um seine erste Messe zu zelebrieren, traf er dort eine außergewöhnliche Karmelitin: Teresa von Ávila. Teresa war damals über fünfzig, Johannes gerade 27, und sie überzeugte ihn davon, sich an der Reformierung des Karmeliterordens zu beteiligen. Sowohl Johannes als auch Teresa waren geschickte Organisatoren und Macher, und gemeinsam gründeten sie die Unbeschuhten Karmeliter, die so hießen, weil insbesondere Teresas Nonnen zum Zeichen ihrer radikalen Christusnachfolge barfuß gingen.

Mit zwei Gefährten, einem ehemaligen Prior und einem Laienbruder, führte Johannes am 28. November 1568 die Reformen unter den Brüdern ein. Er wurde der erste Novizenmeister und bereitete so der Erneuerung des Ordens den Boden. Im Zuge dieser Reformen hatte er verschiedene Ämter inne, bis Teresa ihn als Spiritual und Beichtvater an das Kloster der Menschwerdung berief, dessen Priorin sie war. Dort blieb er fünf Jahre lang, während sich die Reformbewegung rasch ausbreitete, was jedoch nicht ohne Konflikte vonstatten ging. Es entstand Verwirrung im Hinblick auf Anordnungen des Generalkapitels der Karmeliter und des apostolischen Nuntius. Als Johannes sich der Anweisung seines Generaloberen widersetzte, nach Medina zurückzukehren, weil er dem apostolischen Nuntius und nicht dem Kapitel der Karmeliter unterstand, warf man ihm vor, er habe sein Gehorsamsgelübde gebrochen. Am 3. Dezember 1577 wurde er verhaftet und mit verbundenen Augen als Gefangener in eine Priorei in Toledo gebracht.

Neun Monate lang blieb er im Gefängnis, bis es ihm gelang, ein Bettuch und einen Kittel in Streifen zu reißen und daraus ein Seil zu flechten, mit dessen Hilfe er durch das Fenster seines im Obergeschoß liegenden Gefängnisses entkam. Er fand

Aufnahme und Schutz bei den Nonnen in einem von Teresas Klöstern.

Den darauffolgenden Frühling verbrachte er in einer Einsiedelei in den andalusischen Bergen, wo er „Die dunkle Nacht" und den „Geistlichen Gesang" vervollständigte, die er im Gefängnis begonnen hatte. Während der folgenden Jahre war er intensiv mit der Gründung und Leitung von Klöstern in Baeza, Granada, Cordoba, Segovia und andernorts beschäftigt. 1582 ging er für drei verhältnismäßig ruhige Jahre als Prior nach Granada. Auf einem Hügel unweit der Alhambra verfaßte er die Kommentare zu seinen Gedichten.

Am 4. Oktober 1582 starb Teresa, und der Orden spaltete sich in Gemäßigte und Eiferer. Johannes unterstützte die Gemäßigten, doch die Eiferer gewannen die Oberhand und übernahmen die Kontrolle über den Orden. Einige Jahre lang verblieb Johannes in seinem Amt als Generalvikar von Andalusien und legte auf dem Rücken eines Esels weite Reisen durch das südliche Spanien zurück, die ihn bis nach Madrid und sogar nach Lissabon in Portugal führten. Oft schlief er an der frischen Luft oder neben lauten, überfüllten Gasthöfen.

1588 wurde er Prior in Segovia – zu einem Zeitpunkt, als im Orden gerade wieder neue Streitigkeiten und Gefahren ausgebrochen waren. Die Leitung des Ordens hatte gewechselt, und alle Macht lag nun in den Händen eines beständigen Komitees, das Johannes ablehnte. Als Johannes außerdem das Bestreben der Nonnen unterstützte, sich ihre Statuten vom Papst approbieren zu lassen, fiel er bei seinem Oberen in Ungnade, der ihn seiner Ämter enthob und in eines der ärmsten Klöster in einer abgelegenen Gegend Andalusiens schickte. Selbst dort jedoch war er noch den Feindseligkeiten zweier Brüder ausgesetzt, die versuchten, ihn aus dem Orden zu vertreiben.

Nur eine tödliche Krankheit ersparte Johannes weitere Verfolgungen. Ihn befiel ein Fieber, und sein Bein entzündete sich so schwer, daß er in die Stadt Ubeda reiste, wo man ihn medizinisch betreute. Seine Krankheit – man diagnostizierte ein Erysipel – verschlimmerte sich weiterhin, und um Mitternacht des 14. Dezember 1591 betete Johannes vom Kreuz laut die Psalmworte „In deine Hände, o Herr, befehle ich meinen Geist" und starb. Fast unmittelbar darauf kam es zu öffentlichen Kundgebungen, auf denen man ihn für heilig erklärte. 1675 wurde er selig- und 1726 heiliggesprochen, und aufgrund seines christusähnlichen Umgangs mit seinem eigenen, persönlichen Leid und seiner Sorge um andere erhielt er den Titel „Patron der Betrübten". 1926 wurde er zum Kirchenlehrer erklärt.

Betrachtung

Diese dunkle Nacht ist ein Einwirken Gottes auf die Seele, welches sie reinigt von ihrer Unwissenheit und ihren bleibenden Unvollkommenheiten, sowohl natürlichen wie geistigen. Die Gelehrten nennen sie eingegossene Beschauung oder mystische Gottesweisheit. In ihr belehrt und unterweist Gott die Seele in geheimnisvoller Weise in der Vollkommenheit der Liebe, ohne daß sie selber etwas tut, noch auch versteht, wie diese eingegossene Beschauung vor sich geht (...) Es entsteht nun die Frage, warum hier die Seele dieses göttliche Licht (...) eine dunkle Nacht nennt. Darauf ist zu antworten, daß die göttliche Weisheit aus zwei Ursachen nicht nur Nacht und Finsternis für die Seele ist, sondern auch eine Pein und Qual. Die erste ist die Erhabenheit der göttlichen Weisheit, welche die Fassungskraft der Seele übersteigt und in dieser Beziehung für sie Finsternis ist. Die zweite ist die Niedrigkeit und Unreinheit der Seele selbst, und in dieser Beziehung ist sie für die Seele peinlich, schmerzlich und dunkel (...) Wenn daher dieses göttliche Licht der Beschauung in die Seele tritt, die noch nicht vollständig erleuchtet ist, so verursacht es in ihr geistige Finsternis.[8]

Kapitel Sieben

THÉRÈSE VON LISIEUX: DER KLEINE WEG (1873–1897)

Im Grunde ihres Herzens war die heilige Thérèse von Lisieux eine Anti-Mystikerin, die nach eigener Aussage nicht danach strebte, Gott bereits in ihrem irdischen Leben zu sehen, sondern es vorzog, an ihn zu glauben. Und genau das war auch ihr kurzes Leben: ein Leben des Glaubens und gekennzeichnet von einer außergewöhnlichen Liebe, in der sie ihre Berufung erkannte.

Diese Berufung zog von einem kleinen Karmeliterkloster in einer kleinen Stadt in der französischen Normandie so weite Kreise, daß Thérèse schließlich um der Wunder willen, die auf ihre Fürsprache hin geschahen, und aufgrund ihrer Autobiographie *Geschichte einer Seele* – die eigentlich drei Bücher in einem sind – in der ganzen Welt geliebt wurde.

Die ersten acht Kapitel entstanden auf Bitten ihrer Priorin, ihrer ältesten Schwester Pauline, die Thérèse in den Karmel vorangegangen war. Pauline und Marie, Thérèses zweitälteste Schwester und ebenfalls Karmelitin, baten Thérèse nach dem Tod ihres geliebten Vaters, daß sie ihre Erinnerungen an die frühen Jahre ihrer Familie niederschrieb. Thérèse schloß das Manuskript im Januar 1896 ab und gab es Pauline.

Der zweite Teil ihres Buches ist ein Brief an ihre Schwester Marie, den Thérèse auf deren Bitten hin schrieb, als sie bereits schwer an Tuberkulose erkrankt war und wußte, daß sie nicht mehr lange zu leben hatte. In diesem Brief erklärt sie ihre besondere Berufung, den „Kleinen Weg", der in der ganzen Welt so berühmt geworden ist.

Das dritte Manuskript wurde auf Bitten von Mutter Marie de Gonzague verfaßt, die siebenmal für jeweils drei Jahre vor Pauline Priorin gewesen war und Pauline auch nach ihrer dreijährigen Amtszeit wieder nachfolgte. Thérèse begann gleich am nächsten Morgen mit ihrem Manuskript, an dem sie, solange ihre Kräfte es zuließen, zwei Stunden pro Tag arbeitete. Der Umfang des Manuskripts beträgt verständlicherweise nur ein Drittel des ersten.

Als die *Geschichte einer Seele* nur ein Jahr nach Thérèses Tod veröffentlicht wurde, bestand die willkürliche und herrschsüchtige Mutter Marie de Gonzague darauf, daß die drei Manuskripte zusammengefaßt wurden, damit der Eindruck entstand, daß das gesamte Buch an sie gerichtet wäre – eine Vorgehensweise, die bereits andeutet, welche Rolle Mutter Marie selbst in dem spirituellen Martyrium gespielt haben muß, das Thérèse im Karmel durchlitt.

Diese Entstehungsgeschichte und Struktur des Buches hilft uns zu verstehen, weshalb der frühe Teil so sentimental und in einem so liebevoll-süßlichen Stil gehalten ist. Er war für ihre Schwestern Pauline und Marie geschrieben und niemals für ein größeres Publikum gedacht. In der späteren Schrift dachte Thérèse, sie schreibe lediglich, um Mutter Marie de Gonzague die Informationen zu übermitteln, die diese für ihren Nachruf benötigte.

Doch das Buch erreichte eine weitaus größere Leserschaft und wurde zu einem internationalen Bestseller, der Millionen von Menschen tief berührt hat. Denn in Thérèses geradezu schulmädchenhafte Diktion eingebettet findet sich eine außergewöhnliche Liebesgeschichte, die die Leser intuitiv verstanden. Das war nicht die Gipsheilige und auch nicht die süße kleine Frau, die uns aus unzähligen Heiligenbildern und kitschigen Figuren entgegenlächelt. Das hier war eine Seele, die vor Gottesliebe brannte, einer Liebe, die sie unglaubliche Qualen und Leiden ertragen ließ und durch die Schrecken einer dunklen Nacht der Seele hindurchzwang.

Ehe sie ihre Gelübde ablegte, hatte Christus, ihr Bräutigam, Thérèse gefragt, auf welchem Pfad sie in welches Land reisen wolle. Thérèse antwortete: „Auf den Berg der Liebe", und daß Jesus den Weg auswählen solle.

Und unser Herr nahm mich bei der Hand und ließ mich einen unterirdischen Weg betreten, wo es weder kalt ist noch warm, wo die Sonne nicht scheint und wo Regen und Wind keinen Einlaß finden; einen Tunnel, in dem ich nichts sehe außer einem halbverschleierten Glimmen unter den gesenkten Augenlidern im Antlitz meines Bräutigams (...) Freudig willige ich ein, mein ganzes Leben in diesem dunklen Untergrund zu verbringen, in den er mich geführt hat; mein einziger Wunsch ist, daß meine Düsternis den Sündern Licht bringen möge.[1]

Ein solches Ansinnen würde man ganz sicher für masochistisch halten, wenn Thérèse nicht so freudig zustimmen würde – und wenn da nicht diese Worte wären: „daß meine Düsternis den Sündern Licht bringen möge." Ihre liebende Opferbereitschaft wird Teil der Erlöserliebe Jesu. Man fühlt sich an die Worte des heiligen Paulus erinnert: „Jetzt freue ich mich in den Leiden, die ich für euch ertrage. Für den Leib Christi, die Kirche, ergänze ich in meinem irdischen Leben das, was an den Leiden Christi noch fehlt" (Kolosser 1,24).

Paulus' Worte deuten an, daß wir als Christi Leib vervollständigen, was Christus, das Haupt, begonnen hat. Gemeinsam mit Christus ergänzen wir den Leib der Kirche – machen ihn *ganz* – durch unsere eigenen freudigen Liebesopfer. Sicherlich war das auch Thérèses Überzeugung, und das ist auch die Motivation für ihren kleinen unterirdischen Weg der Dunkelheit und des Glaubens, der schon vor ihrer Geburt mit der tiefen Frömmigkeit ihrer Eltern begann.

Marie-Françoise-Thérèse Martin wurde am 2. Januar 1873 in Alençon geboren, einer französischen Stadt, die für ihre Spitzen berühmt war. Sie war die fünfte Tochter und das letzte Kind von Louis Martin und Zélie Guérin, die bei Thérèses Geburt 42 Jahre alt und bereits krank war (vermutlich litt sie schon damals an dem Brustkrebs, an dem sie viereinhalb Jahre später sterben sollte). Beide Eltern hatten eigentlich ein geistliches Leben angestrebt, davon jedoch absehen müssen – Louis, weil er Priester werden wollte, aber kein Latein konnte, Zélie aus unbekannten Gründen. Als sie jedoch keine Nonne werden konnte, gelobte sie, für Gott Kinder zur Welt zu bringen.

Louis war Uhrmacher und Juwelier, ein idealistischer Träumer und unpraktischer Mann, der seinen Beruf schließlich aufgab, um Zélie, die bereits mehrere weibliche Angestellte beschäftigte, bei dem einträglichen Handel mit Spitzen zu helfen. Beide waren äußerst fromm und besuchten täglich die früheste Messe. Obwohl Zélie gelobt hatte, Gott Kinder zu gebären, lebte das Paar in den ersten zehn Monaten ihrer Ehe zölibatär, weil Louis Vorbehalte gegenüber dem Geschlechtsverkehr hatte. Diese überwand er schließlich mit Hilfe ihres geistlichen Leiters, und die Eheleute hatten neun Kinder. Zwei Jungen und zwei Mädchen starben im Kindesalter; zurück blieben fünf Töchter.

Pauline war das älteste der Mädchen. Danach kamen Marie, Léonie (die einzige, die nicht ins Kloster ging), Céline und Thérèse, das geliebte und verhätschelte Nesthäkchen der Familie und der Liebling ihrer Mutter, wie aus ihren Briefen hervorgeht, die sie an Pauline im Mädchenpensionat schrieb. Zunächst sah es so aus, als ob auch Thérèse im Kindesalter sterben würde, doch bald nach ihrer Geburt wurde sie für ein Jahr zu einer Hebamme aufs Land geschickt, von wo sie gesund, lebhaft und mit einem recht ausgeprägten Dickkopf zurückkehrte. „Die liebe Kleine ist unser Sonnenschein", schrieb die Mutter. „Sie wird herzensgut, man sieht schon jetzt die Keime". Allerdings ist sie „so ungestüm (…) viel weniger fügsam als das Schwesterlein und vor allem von fast unüberwindlichem Eigensinn. Wenn sie nein sagt, kann sie nichts und niemand zum Nachgeben zwingen; man könnte sie einen ganzen Tag lang in den Keller stecken, ohne ein Ja aus ihr herauszubringen – lieber würde sie noch die Nacht drin schlafen."[2]

Als Zélie starb, war Thérèse gerade vier Jahre alt, und das Trauma dieses Abschieds löste bei ihr einen extremen Kummer aus, der pathologisch wurde und von Halluzinationen und Anfällen begleitet war; hinzu kamen entsetzliche Kopfschmerzen, als ihre Schwester und Ersatzmutter Pauline fünf Jahre später das gemeinsame Zuhause verließ, um in den Karmel einzutreten.

Als Thérèse zehn Jahre alt war, geschah etwas Außergewöhnliches: Sie wurde unter Umständen geheilt, die die Familie als Wunder betrachtete und die zu den wenigen überlieferten Visionen in Thérèses Leben gehören. Während sie gemeinsam vor der Statue der Jungfrau Maria beteten, sah Thérèse, wie die Gottesmutter sie anlächelte, und hörte ihre beruhigenden Worte, daß Thérèse ihr Freude mache und sie sie eines Tages im Himmel in die Arme schließen werde, weil sie selbst, Maria, nun ihre Mutter sei.

Kurz nach Zélies Tod war die Familie nach Lisieux gezogen, um die schmerzlichen Erinnerungen hinter sich zu lassen; außerdem war Louis besorgt gewesen, weil die Spielgefährtinnen seiner Töchter und die Verwandten in Alençon so diesseitig eingestellt waren. Die beiden Ältesten, die siebzehnjährige Pauline und die sechzehnjährige Marie, waren für die beiden Jüngsten zu Ersatzeltern geworden; Pauline kümmerte sich um Thérèse und Marie um Céline, bis Pauline in den Karmel eintrat und Marie für beide Kinder sorgte. Obwohl Thérèse seit ihrer Vision der heiligen Jungfrau von ihrem Nervenleiden geheilt war, hatte sie schon bald eine weitere Prüfung zu bestehen: den skrupulösen Drang, sich beständig unzähliger Sünden anzuklagen und diese unablässig zu beichten. Marie nahm die Dinge in die Hand und sagte ihr nicht nur, wie viele, sondern auch, welche eingebildeten Sünden sie beichten dürfe.

Diese Phase der Skrupelhaftigkeit war für Thérèse, die sich in frühreifer Weise um Heiligkeit bemühte und zunehmend um ihren spirituellen Fortschritt sorgte, eine schreckliche Zeit. Wie sie selbst in der *Geschichte einer Seele* schreibt:

> Man muß selbst durch dies Martyrium gegangen sein, um es zu verstehen (...) Alle meine Gedanken und meine einfachsten Handlungen wurden für mich zur Quelle der Verwirrung und der Angst. Ich hatte erst Ruhe, nachdem ich alles Marie anvertraut hatte – was mir sehr schwer fiel; denn ich glaubte, ich müsse ihr unbedingt alle meine Gedanken, auch die ausgefallensten, mitteilen. Hatte ich meine Last niedergelegt, so fand ich für kurze Zeit Frieden; doch dieser Friede ging wie ein Blitz vorüber, und meine Qual begann aufs neue![3]

Dieser Abschnitt ist einer der Gründe, warum die *Geschichte einer Seele* mir als vierzehnjährigem Seminarist soviel bedeutet hat. Thérèse, die große Heilige, hatte unter denselben Skrupeln gelitten, die auch mich quälten und mich erst vier Jahre später mit dem Eintritt ins Noviziat verließen – um einer langen Phase der Trockenheit und der Erkenntnis Platz zu machen, daß nichts allein von uns abhängt: Alles ist Gottes Geschenk, und wir können unsere Heiligkeit nicht erzwingen, indem wir ständig um uns selbst kreisen, im Übermaß Buße tun oder überlange Gebete verrichten. Meine eigene Skrupelhaftigkeit war in Wirklichkeit, wie so oft, nichts anderes als Selbstsucht in frommer Verkleidung, eine fehlgeleitete Besessenheit von dem Gedanken, heilig zu sein.

Thérèse begriff dies im Alter von dreizehn Jahren, an Heiligabend. Es war Familientradition, daß die Kinder nach der Rückkehr aus der Christmette ihre Schuhe mit Süßigkeiten und Geschenken gefüllt vorfanden. Obwohl Thérèse eigentlich schon zu alt dafür war, hatte man die Tradition ihr zuliebe aufrechterhalten. Als sie die Treppen hinauflief, um ihren Mantel auszuziehen, hörte sie, wie ihr Vater zu Céline sagte, er hoffe, es sei dieses Jahr das letzte Mal. Er klang verärgert, und Thérèse war tief verletzt und glaubte, weinen zu müssen, wenn sie sofort hinunterginge.

Doch dann geschah etwas mit ihr. Sie ging die Treppen hinunter und zeigte sich begeistert über die Süßigkeiten und Geschenke, um ihrem Vater eine Freude zu machen. Sie hatte die Dinge in erster Linie ihm zuliebe aus ihren Schuhen gezogen, doch sie gab vor, von allem entzückt zu sein, denn, so schrieb sie später, die Nächstenliebe hatte sie bewogen hinunterzugehen, und Jesus hatte ihr diese Nächstenliebe in einem Moment gegeben, als sie eigentlich nur weinen wollte. Von da an begann sie, sich selbst zu vergessen und für andere zu leben. „In dieser lichtstrahlenden Nacht", schrieb Thérèse, „fing somit mein dritter Lebensabschnitt an, der schönste von allen, der mit den Gnaden des Himmels am reichsten gesegnete."[4] Die anderen beiden Lebensabschnitte, die sie erwähnt, sind die Zeit zwischen ihrer Geburt und dem Tod ihrer Mutter und die darauffolgenden zehn Jahre der Krankheit und Angst.

Kurze Zeit später entschied sie sich, ihren Schwestern in den Karmel von Lisieux zu folgen. Schon mit neun Jahren war sie sich ihrer Berufung bewußt geworden, doch als sie vierzehn war, wurde der göttliche Ruf so dringend, daß sie, obwohl das übliche Alter für den Klostereintritt in Frankreich bei 21 Jahren lag, entschlossen war, darum zu bitten. Pauline und Céline waren einverstanden, doch Marie war der Ansicht, sie sei zu jung. Und dann war da noch das Problem mit ihrem Vater. Was würde Thérèses Eintritt in den Karmel in ihm auslösen? Doch Thérèse fand den Mut, mit Louis zu sprechen, der 63 Jahre alt war und bereits einen Schlaganfall erlitten hatte. Ihr Gespräch überzeugte den Vater davon, daß Thérèses Berufung echt war, und er erklärte sich damit einverstanden, daß Thérèse sich um eine vorzeitige Aufnahme ins Kloster bemühte.

Als nächstes mußte die Priorin ihre Erlaubnis erteilen; sie stimmte zu, doch der Pater Superior sagte nein; und auch der Bischof war der Ansicht, Thérèse solle warten, bis sie 21 sei. Sie ließ sich jedoch nicht abschrecken und beschloß, mit ihrem Vater nach Rom zu reisen und mit Papst Leo XIII. zu sprechen. Wieder einmal setzte sie ihre Überzeugungskraft ein, und so traten sie, Céline und ihr Vater im Herbst 1887 die „Wallfahrt" nach Rom an, deren eigentlicher Zweck darin bestand, den Papst um seine Erlaubnis für den vorzeitigen Eintritt in den Karmel zu bitten.

Bei der öffentlichen Papstaudienz nutzte Thérèse ihre Chance: Zur Überraschung des Papstes und aller Anwesenden warf sie sich dem Heiligen Vater zu Füßen und trug ihre Bitte vor, mit fünfzehn in den Karmel eintreten zu dürfen. Erstaunt und bestürzt antwortete Papst Leo ihr mit dem enttäuschenden Gemeinplatz: „Aber …, aber …, du wirst eintreten, wenn der liebe Gott es will."[5]

Der niedergeschmetterten Thérèse blieb nichts anderes übrig, als mit leeren Händen nach Lisieux zurückzukehren. Doch hinter den Kulissen hatte die Mutter Oberin auf den Bischof eingewirkt, und am Neujahrstag erhielt Thérèse einen Brief mit der Nachricht, daß der Bischof seine Erlaubnis gegeben habe – jedoch nicht für ihren sofortigen Eintritt. Thérèse solle bis nach der Fastenzeit warten; man werde sie am 9. März 1888 aufnehmen. Später schrieb sie über ihren Eintritt: „Meine Seele empfand einen Frieden, so tief und wonnevoll, wie ich ihn nicht auszudrücken vermag."[6]

Im Karmel nahm sie den Namen Theresia vom Kinde Jesu an und formte aus ihren Idealvorstellungen, eine Missionarin oder eine Märtyrerin wie Johanna von Orléans zu sein, nach und nach ihren „Kleinen Weg", eine Spiritualität der Aufmerksamkeit für die kleinsten Dinge des Lebens, die sie als den eigentlichen Schauplatz der Tugend betrachtete. Selbst die kleinste Tat wächst, wenn sie aus Liebe zu Gott getan wird, zu etwas Großem, das uns das Antlitz Gottes zu offenbaren vermag. Nicht, daß Thérèses Taten, selbst vom menschlichen Standpunkt aus betrachtet, alle klein gewesen wären. Sie war entschlossen, ihren Mitschwestern stets heiter und freundlich zu begegnen, was schon keine Kleinigkeit war; denn obwohl die Nonnen gute Menschen waren, bedeutete Thérèses Vorsatz, daß sie die unvermeidlichen Kleinlichkeiten und Eifersüchteleien, die

Engstirnigkeit und die Mißgunst in einem eher jansenistisch geprägten Kloster des 19. Jahrhunderts in der Normandie ertragen mußte.

Als sie zur Novizenmeisterin ernannt wurde, schreckte Thérèse nicht vor der schwierigen Aufgabe zurück, die Novizen geistlich zurechtzuweisen und Opfer für sie zu bringen. Sie wurde zu einer außergewöhnlichen Seelenführerin, und auch das verlangte ihr in puncto Nachsicht und Gottvertrauen vieles ab, wie sie in den folgenden Abschnitten ihrer *Geschichte einer Seele* beschreibt:

Kaum trat ich zum ersten Mal in das Heiligtum der Seelen ein, als ich sogleich erkannte, daß die Aufgabe meine Kräfte weit überstieg. Ich warf mich schnell in Gottes Arme und machte es gleich den kleinen Kindern, die, wenn sie durch irgend etwas erschreckt worden sind, ihr blondes Köpfchen an der Schulter ihres Vaters bergen, und ich sagte: „Schau, Herr, ich bin zu klein, um deine Kinder zu nähren; willst du ihnen, was sie brauchen, durch mich zukommen lassen, so fülle du selbst meine kleine Hand, und ich will, ohne deine Arme zu verlassen, ja ohne nur den Blick von dir wegzuwenden, der Seele, die von mir ihre Nahrung verlangt, deine Schätze austeilen (...)"

Aus der Ferne gesehen scheint es leicht, den Seelen Gutes zu tun, sie zu lehren, Gott immer mehr zu lieben, und sie nach seinen Wünschen und Absichten zu formen. In der Nähe aber erkennt man, daß es ohne die göttliche Hilfe ebenso unmöglich ist, Gutes zu tun, als etwa die Sonne bei Nacht zu unserer Erdhälfte zurückzuholen. Man fühlt, daß man unbedingt seinen Geschmack, seine persönlichen Anschauungen vergessen muß, um die Seelen nicht durch seine eigenen Erfahrungen auf seinem persönlichen Wege, sondern auf dem besondern Pfad zu lenken, den der Herr ihnen anweist (...)

Der Herr hat mir die Gnade verliehen, keinerlei Angst vor dem Krieg zu haben. Um jeden Preis will ich meine Pflicht erfüllen. Mehr denn einmal bekam ich zu hören: „Wenn Sie bei mir etwas erreichen wollen, dann versuchen Sie es mit Güte und nicht mit Strenge, sonst richten Sie bei mir nichts aus." Aber ich weiß ja, daß niemand in seiner Sache ein guter Richter ist, und daß kein Kind verfehlen wird, zu schreien und zu versichern, daß das Heilmittel schlimmer sei als die Krankheit, wenn der Chirurg eine schmerzliche Operation an ihm vornimmt. Ist es aber nach einigen Tagen wieder gesund, dann ist es selig, wieder laufen und spielen zu können. Ebenso verhält es sich bei den Seelen; sie sehen bald ein, daß ein wenig Bitterkeit dem Zucker vorzuziehen ist.[7]

Soviel zum Bild der heiligen Thérèse als der frommen, zitternden „kleinen Blume" oder des guten Kindes, das zunächst im Schoß der Mutter und dann im Schoß der Familie, des Vaters und der Schwestern, Zuflucht sucht, die sie verhätscheln.

Thérèse lebte weniger als zehn Jahre im Karmel. Schon bald nach ihrem Eintritt ins Kloster zog sie sich eine Tuberkuloseerkrankung zu, die sie in dem dunklen, zugigen und schlecht geheizten Gebäude klaglos ertrug. Als sie 1897 – sieben Jahre, nachdem sie die ewigen Gelübde abgelegt hatte – im Alter von 24 Jahren starb, hinterließ sie doppelt so viel an Schriften wie Johannes vom Kreuz, ebenfalls ein Karmelit, der doppelt so alt geworden war wie sie. Doch sie hinterließ noch mehr: Sie hatte gesagt, sie wolle ihren Himmel damit verbringen, auf Erden Gutes zu tun, und genau das hat sie getan. „An ihren Früchten also werdet ihr sie erkennen", sagt Jesus (Matthäus 7,20). Wie deutlich erkennen wir die Heiligkeit dieser großen kleinen Frau: Ihre Früchte waren gut und reichlich.

Thérèse wurde 1925 von Papst Pius XI. heiliggesprochen, nachdem den Vatikan Tausende von Briefen mit Berichten über Wunder erreicht hatten, die auf ihre Fürsprache hin geschehen waren. Papst Johannes Paul II. erklärte sie 1997 als dritte Frau nach Teresa von Ávila und Katharina von Siena zur Kirchenlehrerin, eine Ehre, die vor ihr erst 32 Heiligen zuteilgeworden ist.

Inwiefern aber ist diese Heilige der kleinen Dinge, die uns ihren „Kleinen Weg" hinterlassen hat, eine Mystikerin? Ihre Vision von der heiligen Jungfrau Maria, die ihr als Kind zulächelte, haben wir bereits erwähnt. Außerdem beschreibt sie eine andere Vision, die sie im Alter von vierzehn hatte:

An einem Sonntage, als ich am Ende der Messe mein Gebetbuch schließen wollte, glitt ein Bild zwischen den Blättern hervor, das den Herrn am Kreuze darstellte, so daß eine seiner göttlichen Hände blutend und durchbohrt sichtbar wurde. Ich empfand ein ungekanntes, unaussprechliches Gefühl. Mein Herz verging vor Schmerz beim Anblick dieses kostbaren Blutes, das zu Boden tropfte, ohne daß jemand herzueilte, es aufzufangen; ich faßte den Entschluß, im Geiste beständig am Fuße des Kreuzes zu verweilen, um diesen Himmelstau aufzunehmen und ihn dann über die Seelen auszugießen. Von diesem Tage an klang das Wort des sterbenden Herrn: „Mich dürstet!" beständig in meinem Herzen wieder und entfachte darin ein heftiges, nie gekanntes Brennen. Ich wollte dem Geliebten zu trinken geben; ich fühlte mich selbst von dem Durste nach Seelen verzehrt und wollte um jeden Preis die Sünder den ewigen Flammen entreißen.[8]

Solche Visionen sind selten bei Thérèse; Visionen und Ekstasen sind nicht ihre Sache. Ihre Sache ist der Kleine Weg: einzugehen in die Liebe Gottes und alles, sei es auch noch so klein, aus Liebe zu Gott zu tun. Ihre Mystik (und in gewissem Sinne jede Mystik) ist einfach eine Intensivierung des christlichen Lebens, ein Gottesgeschenk, das dem Verstand und dem Herzen und zuweilen auch den leiblichen Augen und Ohren das Tauf- und das Ostergeheimnis offenbart. Das mystische Erlebnis ist keine christliche Sondererfahrung, sondern eine Offenbarung des Mysteriums, das alle Christen leben, und das Ergebnis eines Lebens, das sich intensiv auf das Taufgeheimnis einläßt, indem es für die Sünde stirbt und mit Christus zu einem neuen Leben in seinem mystischen Leib – der Kirche – aufersteht.

Eine solche Mystik ist durchaus nicht immer süß und hell, wie man es sich im Zusammenhang mit der heiligen Thérèse so gerne vorstellt, wenn man die ersten acht Kapitel ihrer *Geschichte einer Seele* gelesen hat, in denen sie von der gemeinsam mit ihren Schwestern verbrachten Kindheit erzählt. Die eigentliche heilige Thérèse tritt zutage, als sie gegen Ende ihres kurzen Lebens das Gefühl hat, die vertraute Nähe Jesu verloren zu haben. In ihrer Not schreibt sie die folgenden Worte nieder:

Und nun sind mit einem Male die Nebel, die mich umgaben, in meine Seele eingedrungen und haben sie so eingehüllt, daß es mir nicht mehr möglich ist, das so liebe Bild meiner Heimat in mir wiederzufinden … Alles ist entschwunden! …

Suche ich Ruhe für mein durch all diese Finsternis ermattetes Herz durch die stärkende Erinnerung an das kommende ewige Leben, so verdoppelt sich meine Qual. Die Schatten und Nebel scheinen alsdann mit der Stimme der Ungläubigen mir spottend zuzurufen: „Du träumst vom Lichte, von einer duftenden Heimat, du träumst vom ewigen Besitz des Schöpfers dieser Wunderwelt, du wähnst, eines Tages dem Nebel, in dem du schmachtest, zu entrinnen; nur zu! … nur zu! … freue dich auf den Tod, der dir nicht bringen wird, was du hoffst, sondern eine noch dunklere Nacht, die Nacht des Nichts!" (…)

So vermag ich denn auch mitten in der Prüfung, die mich jedes Gefühls der Freude beraubt, auszurufen: „Du überfüllst mich mit Freuden, o Herr, durch all dein Tun" (Psalm 91,4). Gibt es denn eine größere Freude, als um deiner Liebe willen zu leiden? Je größer das Leid ist und je weniger es andern in die Augen fällt, umsomehr, mein Gott, lächelst du mir zu. Und würdest sogar du, was niemals geschehen kann, es nicht beachten, ich wäre dennoch glücklich, leiden zu dürfen in der

Hoffnung, durch meine Tränen vielleicht eine einzige Sünde gegen den Glauben zu verhindern oder wiedergutzumachen.

(...)

Mag ich auch das Himmelsglück und den ewigen Besitz Gottes besingen, ich empfinde dabei keinerlei Freude; ich besinge ganz einfach das, woran ich glauben will. Manchmal freilich erhellt ein ganz schwacher Lichtstrahl meine dunkle Nacht; dann setzt die Prüfung für einen Augenblick aus; aber nachher tröstet mich die Erinnerung an diesen Strahl nicht, sondern läßt das Dunkel nur noch undurchdringlicher erscheinen.[9]

In diesem langen Zitat begegnen wir der Kirchenlehrerin Thérèse, der Missionarin Thérèse, der Thérèse des Kleinen Wegs, der jungen Schwester Thérèse, die an ihre Oberin, ihre „Mutter" im Orden schreibt. Und wir begegnen der Mystikerin Thérèse, die für die Liebe und in der Liebe zu Jesus lebt und durch seine Abwesenheit in die dunkle Nacht der Seele gestoßen worden ist, die grausamste Prüfung, die ein Mystiker erdulden und bestehen muß.

Was also lehrt uns die Kirchenlehrerin Thérèse? Vor allem eines: Die christliche Mystik ist kein esoterischer Zweig der Theologie oder etwas, das sich von einem Leben im Geist des Evangeliums trennen ließe. Sie ist ein Leben im Geist des Evangeliums – und das in einer besonders intensiven Form, weil der Gläubige durch eine innige Gotteserfahrung zu fruchtbarem Boden für die Saat Gottes, zu einem empfänglichen Schoß für die Befruchtung durch den Heiligen Geist geworden ist. Der Gläubige empfängt Christus und gebiert ihn neu in seinem oder ihrem Leben.

Das heißt nicht, daß man der alltäglichen Menschlichkeit des Lebens entflieht, um in irgendeine besondere spirituelle Stratosphäre oder in eine Welt der Ideen und Ekstasen emporzusteigen. Wie Maria, die Mutter Gottes, wartet man auf die Überschattung durch den Heiligen Geist; man empfängt, antwortet und gebiert im eigenen Leben jenen Gott, der im Gebet empfangen wird, der im Schoß der Seele heranwächst und der zur Welt gebracht wird, wenn das durch die Empfängnis, Schwangerschaft und Geburt Gottes verwandelte Selbst Werke der Tugend verrichtet.

Für Thérèse führt diese Verwandlung über den von ihr sogenannten „Kleinen Weg", dessen Früchte sie folgendermaßen beschreibt:

Nach der Verbannung dieser Erde hoffe ich Dich in der Heimat zu genießen. Aber ich will keine Verdienste für den Himmel anhäufen, ich will *einzig für Deine Liebe arbeiten* (…)

Am Abend dieses Tages werde ich mit leeren Händen vor Dir erscheinen, denn ich bitte Dich nicht, o Herr, meine Werke zu zählen. All unsre Gerechtigkeit ist befleckt in Deinen Augen! So will ich mich mit Deiner eigenen *Gerechtigkeit* bekleiden und von Deiner Liebe den ewigen Besitz *Deiner selbst* empfangen.[10]

Letzten Endes werden wir alle wie die heilige Thérèse von Lisieux mit leeren Händen vor Gott stehen. Wir haben nichts, dessen wir uns rühmen könnten, wie der heilige Paulus schreibt, außer dem Kreuz unseres Herrn Jesus Christus. Und doch verzweifeln wir nicht. Denn unsere eigene Leere hat einen Raum für Gott geschaffen. Was wir als unsere Armut empfinden, ist in Wirklichkeit unser Reichtum.

Wenn wir vor Gott treten und uns unserer Verdienste und Tugenden rühmen, dann brauchen wir die Güte und Liebe Gottes nicht. Dann glauben wir, wir hätten das ewige Leben verdient. Wir würden den Himmel verdienen. Das glauben wir. Tatsache ist, daß niemand den Himmel verdient; niemand kann sich das ewige Leben erarbeiten. Alles ist Geschenk. Gottes Gnade ist ungeschuldet gegeben. Und deshalb ist Tugend nicht das selbstsüchtige, fehlgeleitete Anhäufen unserer eigenen Verdienste – ein solches Handeln wäre ebenso selbstsüchtig wie die Sünde. Vielmehr ist Tugend eine Antwort auf die gütige Liebe Gottes, der, wie der heilige Paulus uns erinnert, uns *zuerst* geliebt hat: Er hat uns geliebt, bevor wir tugendhaft, als wir noch in unseren Sünden waren.

Was ich damit sagen will, hat viel mit unserer Fokussierung oder Ausrichtung zu tun. Wenn *meine* Tugend auf *mich* fokussiert ist, auf das, was *ich* tue, was *ich* aufgebe, was *ich* aufopfere, dann ist sie keine Tugend, sondern verhüllter Egoismus. Denn wenn mir überhaupt irgendeine Tugend zugeschrieben werden kann, dann erwächst diese ganz sicher nicht aus meiner Selbstfokussierung, sondern aus meiner Fokussierung auf Gott, meiner Erwiderung seiner Liebe, die mich immer auf Gott und nie auf mich selbst ausrichtet.

Jesus sagt, daß es im Grunde nur zwei Gebote gibt, in denen alle anderen Gebote enthalten sind: den Herrn, unseren Gott, mit ganzer Seele, ganzem Herzen und all unseren Gedanken zu lieben und unseren Nächsten zu lieben wie uns selbst. Wenn unser Streben ganz auf Gott und den Nächsten ausgerichtet ist, dann ist Tugend das, was mit uns geschieht, sobald wir unser eigenes Besserwerden vergessen und einfach nur Gott und unsere Mitmenschen lieben. Wenn wir Gott von ganzem Herzen lieben und wenn wir unseren Nächsten so lieben, wie wir selbst gerne geliebt wären, dann lieben wir uns selbst und dann werden wir bessere Menschen.

Wenn wir unser Leben damit verbracht haben, Gott und andere zu lieben, dann vollzieht sich in uns eine schrittweise Selbstentleerung, die zugleich Erfüllung ist. Wir haben nichts zu bieten außer den leeren Händen einer Thérèse – leer, weil sie alles preisgegeben haben, was in ihnen war –, und diese leeren Hände werden zu Gottes Ruheplatz.

Das ist Thérèses Geheimnis, ihr Kleiner Weg. Ihre Hände sind leer, weil sie alles gegeben und alles losgelassen hat, und Gott füllt sie. Auf diese Weise mit Gott aufgefüllt zu werden – das ist Tugend. Tugend ist nichts, was sie besäße; Tugend ist, was sie nicht besitzt, weil sie alles weggegeben hat. Wir haben nur, was wir nicht haben; wir behalten nur, was wir weggeben. Denn im Weggeben vollzieht sich das Geheimnis der Liebe, einer Liebe, die in Jesu Wort am Kreuz modellhaft Gestalt annimmt: „Vater, in deine Hände lege ich meinen Geist" (Lukas 23,46).

Jesu eigene Hände sind ans Kreuz genagelt. Er hat keine Hände mehr, um sie auszustrecken und Gaben auszuteilen. An diesem Punkt übernehmen die Hände des Vaters. Sie nehmen seinen Geist auf und werden zu den Händen Jesu. In unserer Selbstpreisgabe liegt dieselbe Dynamik. Wenn die Liebe uns an einen Punkt geführt hat, da wir nichts mehr zu geben haben, dann wird Gott zu unserer Fülle und zu unseren gebenden Händen. Das allein ist Tugend: jener Punkt, an dem Gott übernimmt und das in uns auffüllt, was wir nicht mehr haben und nicht mehr geben können. Weggeben heißt leer werden, und leer sein heißt, mit Gott aufgefüllt werden.

Die furchtbare Leere, die Thérèse in dem langen Zitat von ihrer dunklen Seelennacht beschreibt, ist der Grund dafür, daß sie wenige Sekunden vor ihrem Tod diese wunderschönen letzten Worte sprechen konnte: „Oh! Ich liebe ihn! ... Mein Gott ... ich liebe dich!" Was für ein Kleiner Weg! Er ist alles andere als klein – klein vielleicht in seinen Taten, aber gewaltig in seiner Durchführung und Belohnung. Er ist die lebendige Umsetzung dessen, was Jesus in den ersten Worten seiner ersten Predigt gesagt hat:

Selig, die arm sind vor Gott; denn ihnen gehört das Himmelreich.
Selig die Trauernden; denn sie werden getröstet werden.
Selig, die keine Gewalt anwenden; denn sie werden das Land erben.
Selig, die hungern und dürsten nach der Gerechtigkeit; denn sie werden satt werden.
Selig die Barmherzigen; denn sie werden Erbarmen finden.
Selig, die ein reines Herz haben; denn sie werden Gott schauen. (Matthäus 5,3–8)

Thérèses Kleiner Weg zeigt uns, daß all diese Seligpreisungen Jesu auch unsere Seligpreisungen werden können, wie klein und unbedeutend unser Leben auch zu sein scheint, wenn wir nur jede Tat unseres Lebens in Gottes liebende Hände legen und versuchen, alles, was wir tun, aus Liebe zu Gott zu tun. Thérèse lehrt uns eine schlichten Weise, nach dem Evangelium zu leben, die uns nicht einmal aus unseren eigenen vier Wänden hinausführen muß. Sogar in einem kleinen dunklen Kloster in der Normandie kann man von Christus verwandelt werden und mit den kleinsten Akten der Liebe selbst die Welt verwandeln.

Betrachtung

Gebet der Hingabe im Geist der heiligen Thérèse

Nehmen Sie eine betende Haltung ein. Schließen Sie die Augen und öffnen Sie die Hände und übergeben Sie Ihr Leben der Güte und Liebe Gottes. Sie wissen, was Sie hergeben müssen, doch es fällt Ihnen schwer, es loszulassen. Verlieren Sie nicht den Mut. Die wiederholte betende Hingabe an Gott wird ihr eigenes Wunder wirken.

Eine Möglichkeit, diese Hingabe herbeizuführen, besteht darin, wie ein Mantra Ihre tiefste Sehnsucht zu wiederholen. Zum Beispiel: „Gott, mein Gott, ich will von dir erfüllt werden." Machen Sie jedesmal, wenn Sie dieses Mantra gesprochen haben, eine Pause und lassen alle Einwände, Vorbehalte, Ausflüchte und Entschuldigungen an die Oberfläche Ihres Bewußtseins steigen. Sprechen Sie dann erneut Ihr Mantra: „Gott, mein Gott, ich will von dir erfüllt werden." Wiederholen Sie diesen Prozeß so lange, wie Ihre Gebetszeit dauert. Nach und nach werden die negativen Antworten schwächer werden, und Sie werden in der Lage sein, Dinge zu erkennen, die Sie nur erkennen können, wenn Sie zulassen, daß Gott Ihren Geist erfüllt; Sie werden in der Lage sein, Dinge zu tun, die Sie nur tun können, wenn Sie zulassen, daß Gott Ihr Herz erfüllt; Sie werden in der Lage sein, in Bereichen Ihres Lebens moralische Freiheit zu erfahren, die sich nun mit Gott füllen, nachdem sie zuvor gelähmt und gefangen waren in Stolz, Eifersucht, Lust, Angst, Trägheit, Maßlosigkeit oder anderen schwächenden Illusionen, nach denen Ihre Seele verzweifelt ihre Hände ausstreckte oder an die sie sich klammerte.

Dabei kommt es darauf an, daß Sie im Gebet und in Ihren Gesten der Hingabe beharrlich sind: wirklichen Gesten wie dem Öffnen Ihrer Hände oder symbolischen Gesten wie dem Öffnen Ihrer Seele oder beidem – im Vertrauen auf das, was die heilige Thérèse selbst gelehrt hat: daß Gott schon mit einem Blick oder einem beliebigen anderen, einfachen Zeichen zufrieden ist.

Kapitel Acht

GERARD MANLEY HOPKINS: UNSTERBLICHER DIAMANT (1844–1889)

G erard Manley Hopkins ist ein guter alter Freund. Ich bin ihm vor etwa fünfzig Jahren begegnet, als ich, ein Neuling im College, der gerade seine Ordensgelübde abgelegt hatte, zum ersten Mal sein außergewöhnliches mystisches Gedicht „Gottes Herrlichkeit" las. Die letzten Verse klingen mir noch in den Ohren.

> Köstlichste Frische lebt tiefinnerst allen Dingen;
> Und ob auch letzte Helle wich im schwarzen West,
> Oh, Morgen springt, am braunen Saum gen Osten, auf –
> Denn brütend hegt der Heilige Geist die hingebeugte
> Welt mit warmer Brust und mit ah! lichten Schwingen.[1]

Dieses Bild vom Heiligen Geist als einem Vogel, der die Welt mit Gottes mütterlicher Liebe, Gottes tröstender Brust bebrütet, damit im Licht der Erlösung – den lichten Schwingen – eine neue Welt ausschlüpft und himmelwärts gehoben wird, war für mich ein großer Trost; es gab mir Hoffnung – allem Negativen zum Trotz, das wir der Erde angetan haben.

Doch es war nicht das Gedicht „Gottes Herrlichkeit", das Hopkins einen festen Platz in meinem Herzen verschaffte. Es waren seine sogenannten „Terrible Sonnets", die für mich das verkörperten, was ich seit meinem Eintritt ins Noviziat zwei Jahre zuvor erlebte. Als Junge und das ganze High-School-Seminar hindurch war ich von dem tröstlichen Bewußtsein der

Gegenwart Christi und seiner Mutter Maria erfüllt. Dann jedoch, von dem Tag an, da ich die Kutte des heiligen Franziskus anlegte – dem 15. August desselben Jahres, in dem ich auch meinen High-School-Abschluß gemacht hatte – fanden alle Süßigkeit und dieses ganze Licht ein Ende; ich blieb zurück – allein mit mir selbst.

Ich sehe mich noch vor mir, wie ich da im Klassenzimmer des *Duns Scotus College Seminary* saß und das Gedicht aufschlug, das Pater Leander, unser Englischlehrer, laut vorzutragen begann. Es war Hopkins' Sonett, das mit der Zeile beginnt „Ich wache und fühle den Grimm der Nacht, nicht Tag." Die letzten sechs Verse dieses Sonetts schlugen mich unverzüglich in ihren Bann:

Ich bin Galle, bin Sodbrennen. Gottes tiefster Ratschluß
Wollte, daß ich bitter schmecke: mein Geschmack war ich;
Gebein erbaute in mir, Fleisch erfüllte, Blut strömte den Fluch.
Selbsthefe des Geistes, ein träger Teig macht sie sauer. Nun weiß ich:
Die Verlornen sind gleich dem, und ihre Geißel ist, zu sein,
So wie ich meines bin, ihr schwitzendes Selbst; nur ärger.[2]

Obwohl ich mich nicht imstande fühlte, irgend etwas dagegen zu tun – und genau das war der Punkt –, war es da, auf dieser Seite; und indem ich es las, indem ich es hörte, wußte ich: das war ich. Nie zuvor hatte ich erfahren, daß die Poesie die Macht besitzt, mit Worten etwas nachzuerschaffen, das ich für mein ganz persönliches Empfinden hielt. Ich wußte nicht, ob noch jemand dasselbe fühlte, doch da waren die Worte, da war die Erfahrung. Da war das Bild: „Selbsthefe des Geistes, ein träger Teig macht sie sauer." Genau. Das war es, was ich mehr als zwei Jahre lang versucht hatte: den trägen Teig meines Selbst mit der Hefe meines eigenen Geistes in Bewegung zu versetzen. Und sauer war der Geschmack, sauer der Geruch. Erst jetzt war ich nicht mehr allein. Jemand anderes war da. Ein Jesuitenpriester, der seit 1889 tot war, war in diesen Worten lebendig und wohlbehalten – oder zumindest die Worte waren lebendig und wohlbehalten, und sie wirkten auf einen jungen Franziskanerbruder im Jahr 1957.

Von diesem Tag an wurden die Gedichte von Gerard Manley Hopkins trotz ihrer Komplexität und dicht geschichteten Syntax für mich zu einer Art Vademekum. Ich trug sie in einer kleinen *Penguin*-Taschenbuchausgabe von W. H. Gardner mit mir herum. Ich las die Gedichte und versuchte, der Bedeutung der Verse, ihrem Klang, ihrem idiosynkratischen Stil, ihrem Geheimnis auf die Spur zu kommen. Gedicht für Gedicht schenkten sie mir Zeilen, die etwas von dem vergegenwärtigten, was ich erfahren hatte, oder etwas, von dem ich nicht wußte, daß ich es wußte, oder ein Geheimnis, einen raschen Blick auf das Göttliche, den ich geahnt, den ich fast erhascht hatte.

Das hier war ein sakramentaler Dichter. Für ihn schien alles ein Sakrament der Gegenwart Gottes zu sein; seine Worte erfaßten die Individualität des Gegenstands, der seinerseits das in ihm wohnende Wort offenbarte. Selbst damals, als junger Mann, wußte ich, daß Hopkins ein mystischer Dichter war, ein Gottesvertrauter, und daß er Gott durch Worte erfuhr, die Gottes einzigartige Inkarnation in allem Seienden ausdrückten.

Jedes Ding in seiner Einzigartigkeit, die Hopkins als „Ingestalt" *(Inscape)* bezeichnet, offenbart sein Wesen als einzigartiges Wort Gottes. Diese Ingestalt wird durch eine intuitive Erkenntnis zum Vorschein gebracht oder enthüllt, die Hopkins „Inkraft" *(Instress)* nennt.[3] Sprache selbst wird zur Ingestalt Gottes, offenbart Gott als das Wort im Wort.

Durch Tagebücher und Briefe, durch Predigten und insbesondere durch einige der großartigsten Inkarnationsgedichte, die im Englischen jemals geschrieben worden sind, versucht Hopkins das Wort (Christus) in der Welt (dem einzigartigen Namen), die jedes Ding ist, Gestalt werden zu lassen. Wörter selbst werden zu einem Sakrament der Realpräsenz Gottes.

Wie bei den meisten christlichen Mystikern ist die vertraute Christusnähe das A und O in Hopkins' Leben. Als seine Gewißheit der Gegenwart Christi durch eine dunkle Nacht der Seele zunichte wird, in der er sich von Christus verlassen fühlt, schreibt er seine „Terrible Sonnets"; er versucht, seine Niedergeschlagenheit „einzukraften", das heißt, die Individualität seiner Depression sprachlich zu gestalten

Hopkins' Worte verinnerlichen die Welt, die in ihm mehr wird. Sein erstes großes dichterisches Erzeugnis wurde durch den Untergang des deutschen Schiffs *Deutschland* vor der englischen Küste ausgelöst. Fünf Franziskanerinnen, die aufgrund der antikatholischen Falk'schen Gesetze verbannt worden waren, ertranken im Sturm. Das Ereignis wurde von Hopkins verinnerlicht und entwickelte sich in den Worten des Gedichts zu einer Inkarnation von Hopkins' eigenem, innerem Schiffbruch, in dem Christus geoffenbart wurde und wird.

Der Anfang des Gedichts ist kraftvoll:

Du Meister über mich
Gott! Geber von Odem und Brot;
Der Welt Strand, Schwall des Meers;
Herr der Lebendigen und der Toten;
Du hast verbunden Gebein und Adern in mir, befestigt mir
Fleisch,
Und hernach fast zerstört, durch welch Graun,
Was du gemacht: und rührst du von neuem mich an?
Abermals fühle ich deinen Finger und finde – dich.[4]

Wenn wir diese Zeilen rezitieren, wissen wir bereits, daß wir es mit einer großen und originellen Stimme zu tun haben, einem Dichter, der mehr ist als ein Dichter, einem Dichter, der auch ein Mystiker ist. Wer aber war dieser unglaublich moderne Dichter des 19. Jahrhunderts?

Gerard Manley Hopkins war ein Jesuitenpriester, dessen mystische Veranlagung in seinem Leben und in seiner Dichtung offensichtlich ist. Als er am 8. Juni 1889 in Dublin starb, erinnerten sich nur seine Familie und einige Freunde an ihn. Die Anerkennung und Berühmtheit, die er heute genießt, nahmen erst 1918 ihren Anfang, als sein Freund, der *Poeta laureatus* Robert Bridges, seine Gedichte veröffentlichte. Schlagartig trat Hopkins' schöpferisches Genie zutage. Als 1930 eine zweite Auflage seiner Gedichte erschien, begriff die literarische Welt, daß dieser Mensch des viktorianischen Zeitalters in Wirklichkeit ein Dichter der Moderne gewesen war. Und daß er überdies ein erfrischend originelles Englisch schrieb.

Gerard Manley kam am 28. Juli 1844 in Stratford in der englischen Grafschaft Essex zur Welt und war das älteste der neun Kinder von Manley Hopkins und Kate Smith. Sein Vater, der selbst eine poetische Veranlagung hatte, gründete eine Seeversicherung und war eine Zeitlang hawaiianischer Generalkonsul in London. Manley und Kate und ihre neun Kinder waren gemäßigte Anglikaner und besaßen vielfältige Talente in Dichtung, Musik und Malerei.

1852 zog die Familie nach Hampstead im Norden von London, wo Gerard Manley die *Highgate School* besuchte, bis er 1863 ein Stipendium für das *Balliol College* in Oxford gewann. Am *Balliol* verfaßte Hopkins wie schon in seinen früheren Jahren recht passable Verse. Insbesondere in den alten Sprachen waren seine Leistungen hervorragend, und er wurde ein exzellenter Altphilologe. Mit 21 machte er eine moralische und spirituelle Krise durch, die ein Ende fand, als er von John Henry Newman in die römisch-katholische Kirche aufgenommen wurde.

Zwei Jahre später trat er, nachdem er die meisten seiner Verse vernichtet hatte, in Roehampton am Stadtrand von London ins Noviziat der Jesuiten ein und beschloß, keine weiteren Verse mehr zu verfassen, wenn seine Oberen ihn nicht ausdrücklich dazu aufforderten. Fast sieben Jahre lang konzentrierte er sich ausschließlich auf Philosophie und Theologie und auf die geistlichen Exerzitien des heiligen Ignatius von Loyola, die die Grundlage der jesuitischen Lebensweise bilden und seine spätere Dichtung nachhaltig prägten. Während dieser Zeit schrieb Hopkins nur Gelegenheitsverse zu Ehren der Gottesmutter oder zum Gedenken an Jahrestage des Jesuitenordens.

Dann aber beschleunigte die Nachricht vom Schiffbruch der *Deutschland* im Spätjahr 1875 das Ende seines dichterischen Schweigens. Der Rektor des *Saint Beuno's College* in Südwales, wo Hopkins Theologie studierte, ermutigte ihn, über dieses Unglück zu schreiben, und so entstand das lange Gedicht „Der Schiffbruch der Deutschland". Es ist von einer starken Emotionalität gekennzeichnet und ringt mit Gott und damit, wie Gott die Menschen behandelt. Die Kraft und Bewegtheit der Verse spiegeln den Sturm wider, dem die Franziskanerinnen zum Opfer fielen. Nun waren die Schleusen geöffnet, und Hopkins schrieb weiter: Gelegenheitslyrik, Sonette und tiefreligiöse Gedichte.

Nach seiner Weihe im Jahr 1877 wurde der kleine Pater Hopkins – er war nur knapp über 1,50 m groß – als Seelsorger und Lehrer nach London, Liverpool, Glasgow, Oxford und, 1882, an das *Stonyhurst College* in Lancashire geschickt. Er litt anfallsweise an gesundheitlichen Problemen und war trotz seines brillanten Verstands nie ein so erfolgreicher Prediger oder Lehrer wie sein Mentor, Kardinal Newman, über den Matthew Arnold schrieb: „Wer könnte dem Zauber dieser geistlichen Erscheinung wiederstehen, die im dämmrigen Nachmittagslicht durch die Seitenschiffe von St. Mary's glitt, zur Kanzel emporstieg und dann die Stille mit der berückendsten aller Stimmen und mit Worten und Gedanken durchbrach, die eine religiöse Bewegung waren: subtil, süß und schwermütig."[5] Über Hopkins dagegen sagte einer seine Oberen, daß sein Geist sich in „konzentrischen Kreisen" bewegte und daß es schwierig war, seinen Gedanken zu folgen, obwohl er aufgrund seines koboldhaften Humors, seiner Liebenswürdigkeit und seiner Heiligkeit allgemein beliebt war.

Zuletzt wurde er auf den Lehrstuhl für Altphilologie ans *University College* in Dublin berufen. Auch dort bereitete ihm das Lehren trotz seines brillanten Intellekts und seiner umfassenden klassischen Bildung wieder dieselben Schwierigkeiten. Jahre später erinnerten sich die Studenten an seine unglaubliche Gründlichkeit und wie er sie (aber nicht sein Wissen) mit zweistündigen Vorlesungen über die lateinische Konjunktion *atque* (und) erschöpfte. Seine eigenen Erinnerungen sind voll von seinem Interesse für Musik und Worte und Muster, wie sie zum Beispiel entstehen, wenn Lokomotiven Dampf ausstoßen.

Im Frühling 1889 zog sich Hopkins ein Typhusfieber zu, das trotz medizinischer Behandlung zu einer Bauchfellentzündung führte. Seine Eltern wurden aus England an sein Krankenlager gerufen. Man spendete ihm die Sakramente der Kirche, und er starb am 8. Juni mit den gemurmelten Worten: „Ich bin so glücklich, so glücklich."

Das wäre das Ende gewesen – trotz der Beiträge in der Presse und in Briefen, die, wie Coventry Patmore es formuliert, „die *Autorität* seiner Güte" würdigten.

Doch es war nicht das Ende, weder für Hopkins, der nun mit Gott, „der Schönheit Gabe und der Schönheit Geber" vereint war, noch für seine Berühmtheit, die sich fast dreißig Jahre später schlagartig einstellte, als 1918 seine Gedichte veröffentlicht wurden.

Anders als etwa die heilige Katharina von Siena führte Gerard Manley Hopkins das verhältnismäßig ereignislose, vorhersehbare Leben eines Priesters und Akademikers, eines Lehrers, der nicht gerne lehrte, eines Predigers, dessen Predigten ihr Publikum aufgrund ihrer dichten Sprache und ihres sich im Kreis drehenden Denkens nicht zu erreichen vermochten, eines Mannes, dessen anfällige Gesundheit und depressive Neigung ihn in Klassenraum und Altar zu einer ätherischen Erscheinung machten.

Für sein Inneres gilt jedoch genau das Gegenteil. Es explodiert geradezu vor kraftvollen, verwandelnden Erfahrungen, denen er in originellen und außergewöhnlich dynamischen

Gedichten Ausdruck verleiht. Rückblickend gewinnt man fast den Eindruck, als hätte die ekstatische Verinnerlichung der geschaffenen Dinge ihn erschöpft – wie einen Mystiker, der aus einer intensiven Gotteserfahrung wiederauftaucht. Seine Gedichte machen die dynamische Gegenwart des Wortes in den Einzeldingen greifbar. Die Dichtung setzt durch die richtigen Worte in der richtigen Kombination Gott frei, der in jedem Einzelding verborgen ist. Die Worte selbst lassen Gott Gestalt annehmen, der bereits in den Dingen Gestalt angenommen hat, die wiederum in den Gedichten „eingekraftet" sind.

Hopkins' Gedichte sind authentische Erfahrung, die für ihn fortwährende Selbstentäußerung ist – ähnlich der Selbstentäußerung Christi, der gehorsam wurde bis zum Tod am Kreuz. Wie Christus dem Wort des Vaters gehorcht und selbst das Wort des Vaters *ist*, so wird Hopkins dem in den Dingen enthüllten Wort gehorsam, indem er sich der Dinge entäußert, sie nicht zu besitzen trachtet, und so fähig wird, die Worte zu vernehmen, die die Dinge selber sind. Indem er sich selbst der Worte entäußert, verkörpert der Dichter das Wort, das er ausdrückt. Denn Worte sind wie Dinge eine „Einkraftung" der Heiligen Dreifaltigkeit. Im „Selbsten" werden Worte wie Dinge zum *Locus*, zum Ort des selbstenden Gottes.

All das muß entsetzlich verschroben und vage wirken, und in gewisser Hinsicht ist es das auch. Dabei ist es in Wirklichkeit vielleicht ganz einfach. Vielleicht sucht ein mystischer Dichter wie Hopkins lediglich nach Worten, die geeignet sind, die für den Dichter in allen Dingen sichtbare Gegenwart Gottes sakramental zu bezeichnen. Alles ist Sakrament (äußeres Zeichen einer inneren Wirklichkeit), und der Dichter versucht in derselben Weise auch die Worte zu Sakramenten werden zu lassen. Die Worte enthalten oder verkörpern denselben Gott, den auch das individuelle Ding verkörpert. Oder, mit Hopkins' eigenen Worten:

So tut jegliches sterbliche Ding ein Ding nur und das gleiche:
Teilt aus das Sein, das in einem jeden wohnt;
Selbstet – wird es selbst; „ich selbst" so spricht es, spricht sich vor,
Rufend: „Was ich tue, das bin ich, hierzu kam ich her".
Ich sage mehr: der Gerechte tut Recht;
Hält Huld fest: dies erhält Holdheit all seinem Wandel;
Lebt dar in Gottes Aug, was in Gottes Auge er ist –
Christus – denn Christus spielt an zehntausend Orten,
Lieblich in Gliedern, und lieblich in Augen, nicht sein,
Dem Vater durch die Züge der Menschengesichter entgegen.[6]

Hopkins' Glaube an die Realpräsenz Christi in der Eucharistie ist für das Verständnis seiner sakramentalen Sichtweise von zentraler Bedeutung. Er sah Christus in Brot und Wein; er sah denselben Christus in allen Menschen und Dinge. Die Worte des Priesters machen den unsichtbaren eucharistischen Christus gegenwärtig; die Worte des Dichters enthüllen denselben Christus, der sich in allem verbirgt, was ist.

Göttliche Gegenwart tröstet Hopkins und erfüllt ihn mit ekstatischen Worten; entzogene göttliche Gegenwart stürzt ihn in tiefe Depression mit verzerrten Worten, die die Vergeblichkeit der Selbstgemeinschaft ahnen lassen.

Von Anfang an galt Hopkins als exzentrischer und seltsamer Dichter, zumal die gelehrten Anmerkungen seines Freundes Robert Bridges die Schwerverständlichkeit seiner Gedichte noch unterstrichen. Doch hinter einer schwierigen Sprache verbirgt sich nicht zwangsläufig ein schwieriges Denken, und wenn man Hopkins' Technik einmal durchschaut hat, klingen seine Gedichte klar und einfach und schön, vor allem dann, wenn man seiner Absicht folgt und sie laut liest. Er schaut tief in die Dinge hinein, und seine Sprache paßt sich dieser Tiefe an und lotet sie aus.

Kein englischer Dichter hat je so beredt und kraftvoll über das mystische Leben gesprochen wie Hopkins in seinem ersten großen Werk „Der Schiffbruch der Deutschland". Der Sturm, der die fünf Nonnen das Leben gekostet hat, wird zu einem Bild für den Sturm in Hopkins' Innerem, für sein Ringen mit seiner ersten, erschütternden Sicht von Gott, von der jenes Gedicht aus dem Jahr 1877 handelt. Der äußere Sturm löst einen anderen Sturm im Innern aus, ein Hadern und Sich-Fragen, wo Gott in den inneren und äußeren Stürmen unseres Lebens ist und wer dieser Gott ist.

Diejenigen, die diese tiefe religiöse Sensibilität nicht verstehen, werden auch Hopkins' Gedichte und namentlich den „Schiffbruch der Deutschland" und die „Terrible Sonnets" nicht begreifen. Letztgenannte sind für sie die Gedichte einer depressiven Seele, eines Priesterpoeten, dessen priesterliche und poetische Sensibilitäten miteinander im Streit liegen. In Wirklichkeit geht es in diesen Sonetten nicht um Religion oder Priestertum oder Hopkins' Scheitern als Dichter oder als Priester; vielmehr geht es um Gott und die Seele und darum, wie der Gedanke, daß Gott uns straft oder sich von uns abwendet, uns eigentlich in Gott wachsen läßt. In den Sonetten und im „Schiffbruch der Deutschland" konzentriert Hopkins sich auf Gott und auf seine Beziehung zu Gott, der ihn scheinbar unsanft behandelt. Doch indem er beschreibt, was er im Hinblick auf Gott empfindet, findet er zu einer neuen Erkenntnis und Sichtweise.

Im Oktett von „Carrion Comfort", einem der „Terrible Sonnets", wendet der Dichter sich an Gott:

Doch weh, doch o du Schrecklicher, warum wolltest du roh auf mir
Deinen Welt-umwälzenden rechten Fuß wiegen? eine Löwenpranke gegen mich stemmen? durchspähn
Mit finster verzehrenden Augen mein zerschlagnes Gebein? und worfeln

O mit Stößen des Sturms, mich dort Gehäufelten; mich von Sinnen vor Begier, dir zu entrinnen und zu fliehn?[7]

Was für ein Bild von einem furchtbaren, beherrschenden Gott! Es ist derselbe Gott aus den ersten Zeilen des „Schiffbruchs der Deutschland", der den Dichter nun rüde mit demselben Fuß vor- und zurückwälzt, mit dem er auch die Welt umwälzt – nicht sanft, wie man ein Kind schaukelt, sondern heftig, gewaltsam. Und dann beäugt Gott seine zermahlenen Knochen und läßt nicht etwa ab von ihm, sondern kommt im Sturm, um mit seiner Kornschwinge zu worfeln und seinen Boden von der Spreu zu reinigen, obwohl der Dichter doch schon zerschmettert ist und in Panik versucht, Gott aus dem Weg zu gehen.

Doch im Sextett vollzieht sich erwartungsgemäß die Wendung, und der Dichter versteht, warum Gott ihn so grob behandelt:

Warum? Daß meine Spreu fliege; mein Korn liege schier und klar.
Nein, in all der Mühsal, der Wirrsal, seit (scheint's) ich die Rute geküßt,
Die Hand vielmehr, schlürfte, siehe! mein Herz Kraft, stahl Freude, wollte lachen, jauchzen.
Jauchzen, wem doch? dem Helden, dessen Himmel-lenkende Hand mich warf? Fuß mich
Trat? oder mir, der wider ihn stritt? o welchem? beiden gar? Jene Nacht, jenes Jahr
Nun abgetaner Finsternis, da ich Elender lag im Ringen mit (mein Gott!) meinem Gott.[8]

Der Dichter begreift, daß Gottes Grobheit und sein eigenes Zurückschrecken in dem Moment zur Freude wurden, als er sich Gott unterwarf und Gottes harte Hand küßte. Er jauchzt und weiß nicht, wem er jauchzen soll – dem Gott-Helden oder sich selbst, der mit ihm rang.

Die Dunkelheit ist nun abgetan; er schreibt über eine Erfahrung in der Vergangenheit, in der er, wie er nun erkennt, mit Gott gerungen hat. Was immer er sonst auch über die Ereignisse in jener Zeit gedacht haben mag, im Gedicht begreift er, daß es bei alledem nur um Gott und ihn ging. Und es war gut, und im Nachhinein bringt es den beiden Kämpfenden Freude, Lachen und Jauchzen.

Für den Mystiker ist die Beziehung zu Gott alles und führt durch alle Höhen und Tiefen jeder Liebesbeziehung: von der Ekstase zum Einander-Wehtun, von der Versuchung zur Verzweiflung, in der sein Gedicht beginnt:

Nicht, ich will nicht, Aas-Labsal!, Verzweiflung, nicht
schwelgen in dir;
Noch aufzwirnen – ob sie schon schlaff sind – diese letzten
Fasern Mensch
In mir oder, zu Tod erschöpft, aufschrein: Ich kann nicht
mehr. Ich kann;
Kann etwas, hoffen, wünschen Tages Anbruch, nicht wählen, nicht zu sein.[9]

Was kann er tun? Vielleicht nur das eine: nicht wählen, nicht zu sein. Er wird sich nicht töten. „Sein oder Nichtsein", sagt Hamlet, „das ist hier die Frage." Und die Antwort des Dichters ist das Sein, was auch immer geschehen mag.

Vergleichen wir dieses Gedicht von der dunklen Nacht der Seele mit dem Gedicht der Ekstase: „Der Turmfalke: *Für Christus unsern Herrn*". Es ist dasjenige von Hopkins' Gedichten, das die größte mystische Ausdruckskraft besitzt – ähnlich wie der „Geistliche Gesang" die Quintessenz der Mystik des heiligen Johannes vom Kreuz enthält. Hopkins selbst schreibt in einem Brief an Robert Bridges, es sei „das Beste, was ich je geschrieben habe". In diesem Gedicht wird die Ingestalt von Hopkins' innerem Leben „eingekraftet" und verdichtet.

Vor einigen Jahren besuchte ich in England eine Greifvogelschau. Dort sah ich einen Turmfalken. Ein Turmfalke ist eine kleine Falkenart, die in manchen Gegenden auch Rüttelfalke genannt wird, weil sie die Angewohnheit hat, zu „rütteln", das heißt, über der Beute in der Luft gleichsam stehenzubleiben. Es war gleichzeitig begeisternd und erschreckend zu sehen, wie der Turmfalke und andere Greifvögel hoch in den Himmel stiegen, dort nahezu reglos verharrten und dann mit der Geschwindigkeit einer Gewehrkugel auf die Beutetierattrappen herabstießen, die die Falkner für sie bereithielten.

Ich mußte an Hopkins und sein Gedicht und an das Bild des Turmfalken denken, den Hopkins aus dichterischen Gründen in einen Falken verwandelt, *Falcon*, so schreibt er, mit großem F, um deutlich zu machen, daß dieser Falke mehr ist als ein Vogel: Er ist ein Bild für Christus, den Herrn, dem das Gedicht gewidmet ist. In der Sprache des mittelalterlichen Rittertums wagt sich Hopkins an ein Gedicht, das das Unaussprechliche auszusprechen versucht: die Vision Christi in der Ekstase seiner Leidenschaft. Vor allem mit diesem Gedicht stellt sich die Frage, was einen Mystiker ausmacht. Allein die Tatsache, daß Hopkins ein großer Dichter war oder daß er religiöse Gedichte geschrieben hat, macht ihn noch nicht zu einem Mystiker.

Doch es gibt in bestimmten seiner Gedichte einen Punkt, an dem das Transzendente durchbricht und eine Erfahrung evoziert wird, die der Vision des Mystikers ähnelt. Hatte Hopkins eine mystische Erfahrung, in der er das göttliche Licht oder die Herrlichkeit Gottes sah, die unseren Augen normalerweise verborgen ist? Oder entdeckte sein sorgfältiger Blick die transzendente Wirklichkeit hinter allen Dingen? „Was man scharf ansieht, scheint einen auch scharf anzusehen", hat er einmal gesagt. Ist das Mystik, oder sind die Erkenntnisse, die einem ein solch wacher Blick auf die Wirklichkeit beschert, wirklich nur das Ergebnis eines genauen Hinsehens? In beiden Fällen kommt das, was man sieht, vom göttlichen Element in allen Dingen, so daß Hopkins, selbst wenn er keine mystischen Visionen gehabt haben sollte, im weiteren Sinne dennoch ein Mystiker gewesen wäre – einer von den Menschen, die das sehen, an dessen Dasein wir nur glauben und auf dessen Existenz wir nur vertrauen können.

Hopkins sah auch in den Worten selbst das Mysterium, das die Worte in gewissen Kombinationen, die wir selbst herstellen, verkörpern und offenbaren. Als Poet war er ein Macher (das ist die griechische Wurzel des Wortes Poet). Deshalb war er kontemplativ und kreativ zugleich: Was er in der Kontemplation empfing, gab er auf kreative Weise wieder. Auf diesem Weg bildete sich eine neue Sichtweise heraus. So empfängt der Dichter beispielsweise in diesem Gedicht durch das Betrachten eines Turmfalken einen Einblick in Ekstase und Leid und ihre Verflechtung im Verhalten des Vogels. Und als er diesen Einblick dichterisch umsetzt, erwächst daraus ein weiterer Einblick: daß der Vogel ein Bild für Christus ist und Christus letztlich auf mystische Weise nachfolgt.

Allein die Tatsache, daß der Turmfalke Hopkins einen Blick auf das Mysterium Christi – Vogel und Gott-Mensch, die in der Sicht des Dichters verschmelzen – erhaschen läßt, zeigt, daß Hopkins mystisch veranlagt war und daß seine Christusfokussierung der Aufmerksamkeit für den Vogel voranging. Seit seinem Eintritt in den Jesuitenorden – und wahrscheinlich auch schon vorher, womöglich seit jener Erfahrung, die ihn dazu bewog, zum römischen Katholizismus zu konvertieren – war Christus sein Ein und Alles.

Aus seinen eigenen Schriften wissen wir, daß Hopkins stark von dem mittelalterlichen franziskanischen Philosophen und Seligen Johannes Duns Scotus und seinen Begriffen der *Haecceitas* und der intuitiven Erkenntnis beeinflußt war. *Haecceitas* ist die einzigartige Diesheit eines Dings und verwandt mit Hopkins Begriff der Ingestalt. Intuitive Erkenntnis ist die Art und Weise, wie wir die Diesheit eines Dings erfassen, und steht mit Hopkins' Begriff der Inkraft in Verbindung. Am wichtigsten aber ist für Hopkins die Scotische Lehre vom Primat

Christi. In Anlehnung an Scotus weist Hopkins die Auffassung des heiligen Thomas von Aquin zurück, wonach die Menschwerdung eine Folge der Sünde Adams gewesen sei. Er glaubte, die Menschwerdung Gottes könne nicht von etwas so Negativem wie der Sünde abhängig gewesen sein. Christus wäre in jedem Fall, mit oder ohne Ursünde, gekommen, um einer von uns zu sein und sein Reich in Besitz zu nehmen. Um Scotus zu zitieren:

> Ich sage also, daß der Sündenfall nicht der Grund für Christi Prädestination gewesen ist. Selbst wenn kein Engel und kein Mensch gefallen wäre, wäre Christus dennoch prädestiniert gewesen – ja, selbst wenn niemand anderes mehr hätte geschaffen werden sollen außer Christus allein.[10]

Aufgrund der wesenhaften Einheit von menschlicher Natur und göttlichem Wort steht Christus in den Absichten Gottes an erster Stelle. Er ist Ausdruck der Dreifaltigkeit selbst und Ausdruck von Gottes schöpferischem Plan. Christus ist das erste, was Gott in den Sinn kommt, und keine nachträgliche Idee, weil die menschliche Natur aufgrund der menschlichen Sünde erlöst werden mußte. Diese vorrangige Bedeutung Christi ist im Kolosserbrief des heiligen Paulus beispielhaft formuliert:

> Er ist das Ebenbild des unsichtbaren Gottes, der Erstgeborene der ganzen Schöpfung.
> Denn in ihm wurde alles erschaffen im Himmel und auf Erden, das Sichtbare und das Unsichtbare, Throne und Herrschaften, Mächte und Gewalten; alles ist durch ihn und auf ihn hin geschaffen.
> Er ist vor aller Schöpfung, in ihm hat alles Bestand.
> (Kolosser 1,15–17).

Dieser Christus ist für Hopkins zuerst und vor allem der Anbeter Gottes. In einer seiner ersten Predigten sagt er:

Als er im Himmel herrschte, konnte er den Vater nicht anbeten, doch als er Mensch wurde und seine neue Natur annahm, war das erste, was er tat, in ihr Gott anzubeten. So, wie wir uns bekreuzigen, wenn wir eine Kirche betreten, oder, wenn wir am Morgen aufwachen, geheißen sind, unsere Herzen zu Gott zu erheben, so segnete und heiligte Christus seine menschliche Natur, sobald er sich darin befand, indem er seinen himmlischen Vater grüßte, sein neues Herz zu ihm emporhob und sein ganzes neues Sein seiner Ehre weihte.[11]

In seinem ersten großen Gedicht „Der Schiffbruch der Deutschland" führt Hopkins jenes Motiv ein, das in seinem Werk eine zentrale Rolle spielen wird.

Handküsse werf ich
Den Sternen, lieblich-gesondertem
Sternlicht, wink ihn hervor; und der
Glut, der Glorie im Donnergewölk;
Handküsse dem mit-Purpur-gesprenkelten West:
Denn, ob er schon weilt unter der Welt Glanz und Wunder,
Muß sein Geheimnis eingekraftet, bekräftigt werden;
Denn ich grüß ihn den Tag, wo ich ihm begegne, und segne,
wenn ich begreife.[12]

Dieser Christus, dessen Geheimnis „eingekraftet, bekräftigt" werden muß, wie Hopkins es nennt, ist in der gesamten Schöpfung gegenwärtig, so daß er in seinem Gedicht „Wie Eisvögel Feuer fangen" schreiben kann:

Christus – denn Christus spielt an zehntausend Orten,
Lieblich in Gliedern, und lieblich in Augen, nicht sein,
Dem Vater durch die Züge der Menschengesichter entgegen.[13]

Hierzu bemerkt Hopkins:

Das ist so, als würde ein Mensch sagen: Das ist Christus, der für mich spielt, und ich, der ich für Christus spiele, nur, daß es kein Spiel ist, sondern Wahrheit; Das ist Christus, der ich ist, und ich, der ich Christus bin.[14]

Dieser selbe Christus ist es auch, den Hopkins im Turmfalken sieht, der seinerseits zu einer „Ingestalt" Christi und einer „Ingestalt" des Dichters und seiner Sehnsucht wird, Christus zu werden.

Die beste Methode, das, was ich hier zu sagen versuche, freizulegen, besteht darin, das Gedicht „Der Turmfalke" genau und andächtig nach Art der *Lectio divina* zu lesen. Die Sprache des Gedichts ist so dicht und originell, und die Bilder und Anspielungen sind so komplex, daß wir uns nur langsam hindurchbewegen können. Lesen wir das Gedicht zunächst als Ganzes.

Für Christus unsern Herrn
Heut FING mein Auge früh der Frühe Liebling, Erbprinzen im
Reich des Taglichts, von gesprenkelter Dämmrung verlockt
den Falken in seinem Reiten
Auf der stetig flach unter ihm rollenden Luft, und ausgreifend
Hoch dort, wie er kreiste am Zaum einer wimpelnden Schwinge
In seiner Verzückung! dann fort, weit fort im Schwung,
Wie eines Schlittschuhs Schneide sanft schweift in einer Bogen-Beuge: das Wirbeln und Gleiten
Stob gegen den mächtigen Wind. Mein Herz insgeheim
Schlug heftig für einen Vogel, – die Vollkommenheit, die Meisterschaft dieses Geschöpfs!
Wildschönheit und Hochkraft und Tat, kühnes Gebaren, Gepränge, Gefieder, hier

Zügelt euch! UND das Feuer, das dann von dir sprüht, billionen-
mal lieblicher, dräuender noch, o mein Ritter!
Nicht zu verwundern: schiere Mühsal wetzt die Pflugschar
tief in der Furche
Blank, und blau-fahle Asche, ah mein Liebling,
Fällt, reibt sich wund, und klafft scharlach-golden.[15]

Wie auf dem Weg der Heiligkeit sollten wir Schritt für Schritt
voranschreiten. Hopkins schreibt das Wort FING in Großbuch-
staben und gibt dem Leser damit zu verstehen, daß das Wort
mehr bedeutet als nur das Erhaschen eines Blicks. Vielmehr hat
er binnen eines Augenblicks die Ingestalt des Turmfalken am
Himmel erfaßt, seine *Haecceitas* oder die einzigartige Geste,
die sein Leben beschreibt. Er hat die Ingestalt des Vogels eingekraftet, den er als den Liebling der Frühe oder des Morgens
bezeichnet. Der Vogel ist außerdem der Kronprinz, der das Königtum des Tageslichts erbt, ein Falke, der von der gesprenkel-
ten Dämmerung angezogen wird.

Mit einem Mal ist der Vogel nicht länger nur ein Turmfalke,
sondern ein *Falcon* mit großem F. Dieser Falke wird in einer
Sprache beschrieben, die an das ritterliche und höfische Fran-
zösisch des Mittelalters erinnert.

Der Turmfalke reitet auf der Luft mit der Leichtigkeit und
Meisterschaft eines Ritters, der sein Streitroß reitet. Die Luft
ist rollend und stetig zugleich. Wie es seine Gewohnheit ist,
sieht Hopkins genau hin: Er betrachtet. Wenn der Vogel in
der Luft seine Kreise zieht und mitten im Flug die Richtung
wechselt, erinnert er an ein Pferd, das von seinem Dressurreiter
gezügelt wird. Und wenn er den Wind beherrscht, mit seiner
Kraft und gegen sie arbeitet, so geschieht dies in Ekstase. Dann
entfernt sich der Vogel, und Hopkins verwendet das Bild einer
Schlittschuhkufe, die mit ihren Kurven eine Acht beschreibt.
Es ist ein Schweifen und Wirbeln – auch hier sind wieder zwei
entgegengesetzte Kräfte am Werk.

Unterdes sehnt sich das Herz insgeheim danach, zu sein, wie das Tun des Vogels: „Wildschönheit und Hochkraft und Tat". Das Herz will, daß die Ingestalt des Vogelflugs – Gebaren, Gepränge, Gefieder – sich zügelt, oder wörtlich, sich biegt: sich zusammenbiegt oder sich unter etwas biegt, sich krümmt unter Druck und Anspannung.

Es scheint, als sage der Dichter zu seinem Herzen insgeheim, daß diese Ingestalt von Vogel und Luft, Vogel gegen Luft, das ist, was das Herz tun muß, damit Christus in Ekstase aus dem Dichter hervorbricht, wie er es in dieser Ingestalt tut: „billionenmal lieblicher, dräuender noch, o mein Ritter!"

Wenn der Vogel sich krümmt unter dem Ansturm des Windes, dann tritt seine Schönheit mit einem Leuchten zutage wie der Pflug, der heller glänzt, wenn er sich seinem Schicksal unterwirft, durch den harten, widerspenstigen Boden gezogen zu werden, oder wenn verbrannte Asche vom Rost fällt und aufbricht, klafft, in Gold- und Scharlachfarben. All das sind Bilder für den sich biegenden, sich unter den Willen des Vaters beugenden Christus, der gerade im Akt seines Kreuzestodes, da sein Leib sich unter seiner eigenen Last windet und krümmt, in alle Ewigkeit fortstrahlt. Der eigentliche Inbegriff von Christi Sich-Biegen ist sein Auferstehen und wird auch das Auferstehen des Dichters sein, wenn er in seinem eigenen Leben mit dem Tun des Christus-Falken eins sein kann.

Ich glaube, daß Hopkins in seinem Leiden mit dem Tun des Falken eins geworden ist – nicht nur in seinem inneren Leiden, doch auch in seiner tödlichen Krankheit, die ihn in die Ekstase seiner letzten Worte hineingetragen hat: „Ich bin so glücklich, so glücklich." Er war mit dem Falken, der Christus ist, verschmolzen. Und ich glaube, daß seine Gedichte dieses Sich-Krümmen und die Ekstase von „Wildschönheit und Hochkraft und Tat, kühnes Gebaren, Gepränge, Gefieder" widerspiegeln. Und daß Gerard Manley Hopkins Dichter und Mystiker zugleich ist, dessen Heiligkeit „billionenmal lieblicher" aus ihm hervorbricht.

Betrachtung

So kehrt denn um, Brüder, sogleich, und preist Gott. Ihr betet beim Mahl und dankt Gott für euer täglich Brot, das ist soweit recht, aber dankt ihm nunmehr für alles (...) Es ist nicht nur das Gebet, das zu Gottes Ehre beiträgt, sondern auch die Arbeit. Schmieden auf dem Amboß, einen Stamm zersägen, eine Wand weißen, ein Fuhrwerk lenken, fegen, scheuern, alles trägt zu Gottes Ruhm bei, wenn einer es im Stande der Gnade als seine Pflicht tut. Würdig zu kommunizieren gibt Gott hohe Ehre, aber in Dankbarkeit und Mäßigung zu essen ist auch zu seiner Ehre. Wer die Hände im Gebet erhebt, preist damit Gott, aber ein Mann mit einer Mistgabel in der Hand, eine Frau mit dem Putzeimer verherrlicht ihn auch. Er ist so groß, daß alle Dinge zu seinem Ruhme beitragen, wenn man nur will, daß sie es tun. So lebt denn, Brüder, in diesem Geiste.[16]

Kapitel Neun

SIMONE WEIL: DIE WUNDERBARE DIMENSION UND DIE BEGIERDETAUFE (1909–1943)

Wie die Theologie und das Leben der Kirche aus der Offenbarung Gottes erwachsen, so erwachsen die Theologie und das Leben des Mystikers aus einer Offenbarung, die Gott ihm oder ihr persönlich hat zuteil werden lassen. In beiden Fällen ergreift Gott die Initiative und offenbart zu einer gegebenen Zeit und an einem gegebenen Ort die göttliche Gegenwart. Als Gott sich Moses im brennenden Dornbusch offenbarte, war Moses, der nicht ahnte, was für ein folgenschweres Ereignis unmittelbar bevorstand, gerade damit beschäftigt, die Schafe seines Schwiegervaters zu hüten.

„So sollst du zu den Israeliten sagen: Der ‚Ich-bin-da' hat mich zu euch gesandt" (Exodus 3,14). Gott ist reines Dasein; jedes andere Dasein hängt von diesem wesenhaften Dasein ab. Und Gott ist der, der aussendet. Gott gibt Moses einen Sendungsauftrag, eine Mission: Er soll bei den Israeliten und beim Pharao die Stimme Gottes sein.

Gott offenbart sich Moses als Stimme, und Moses' Lebensaufgabe wird darin bestehen, eine Stimme für Gott zu sein, obwohl Moses selbst in Sprache und Wort eher schwerfällig und kein guter Redner ist; daran wird jeder erkennen, daß es Gottes Stimme und nicht die Stimme des Moses ist, die da so machtvoll spricht. Er wird ein Prophet sein: jemand – so die ursprüngliche Wortbedeutung –, der für einen anderen spricht. Und der Gott, der sich selbst in Moses offenbart, ist ein Gott, der aus dem Feuer am Berg Horeb spricht. Dies sind die Merkmale, die Gott kennzeichnen und deutlich machen, woher er kommt: Gott ist im Feuer; Gott spricht aus der Höhe.

Jeder Mystiker wird eine ähnliche persönliche Gottesoffenbarung erleben, die in eine Mission einmünden wird: im persönlichen Leben des Mystikers oder im gemeinschaftlichen Leben der Kirche. Gott ergreift die Initiative; Gott wählt nach seinem eigenen, geheimnisvollen Willen. Geheimnisvoll, weil der, den Gott wählt, in der Mehrzahl der Fälle niemand ist, den wir spontan für würdig halten würden, eine göttliche Offenbarung zu empfangen. Wie der heilige Paulus sagt: „Das Törichte in der Welt hat Gott erwählt, um die Weisen zuschanden zu machen, und das Schwache in der Welt hat Gott erwählt, um das Starke zuschanden zu machen. Und das Niedrige in der Welt und das Verachtete hat Gott erwählt: das, was nichts ist, um das, was etwas ist, zu vernichten, damit kein Mensch sich rühmen kann vor Gott" (1 Korinther 1,27–29).

Der Mystiker selbst also hat mit anderen Worten wie jeder Mensch nichts getan, was ihn Gottes würdig machen würde. Niemand ist der Heimsuchung Gottes würdig. Alles, was der Mystiker tun kann, ist, auf diese große Gnade zu antworten und mit der Jungfrau Maria zu sagen: „Mir geschehe, wie du es gesagt hast" (Lukas 1,38).

Vor diesem Hintergrund habe ich mich entschlossen, auch Simone Weil in diese Sammlung katholischer mystischer Schriftsteller aufzunehmen. Sie hat den Katholizismus, den sie allem Anschein nach in ihrem Leben und ihren sozialen Werten angenommen hat, niemals voll und ganz durch die Taufe angenommen. Sie war exzentrisch, emotional geschädigt und ist vermutlich sogar an selbstauferlegtem Nahrungsentzug gestorben. Sie war brillant, aber in sozialer Hinsicht grob und schwierig, übermäßig hart in ihrer Kritik an anderen und verletzend in ihrer Art. Dennoch war ihr Leben ein Versuch, auf die Nöte der Armen und der unterdrückten Arbeiter zu reagieren. Und

Gott offenbarte sich ihr so greifbar, daß sie zum ersten Mal in ihrem Leben in die Knie gezwungen wurde. Das geschah in der Portiuncula, der kleinen Kapelle Unserer Lieben Frau zu den Engeln auf der Ebene unterhalb von Assisi, die der heilige Franziskus wiederaufgebaut und später zum Herzen der franziskanischen Bewegung bestimmt hatte.

Weil war Jüdin von Geburt und der Neigung nach Christin; sie sehnte sich danach, katholisch zu sein, doch tat, wie so viele, nie den letzten Schritt. Ihr gequälter Geist stellte sich ihr in den Weg, ihre physischen und emotionalen Störungen, die Zeit, die so unaufhaltsam verrann, während sie noch zögerte. Weil war eigensinnig und aggressiv, doch zugleich so mitfühlend, daß sie bereit war, aus Solidarität mit den Unterdrückten selbst zu leiden. Sie war, kurz gesagt, wie viele Mystiker vor ihr ein Zeichen des Widerspruchs. Sie war wie jede und jeder von uns: eine, die die Dinge aufschob – auf morgen und dann auf den nächsten Tag und den Tag danach und wieder und wieder ... Bis es kein morgen mehr gibt und wir sterben, ohne getan zu haben, was eigentlich unser Wille und unsere Absicht war.

Als Geschöpfe sehnen wir uns nach unserem Schöpfer, der Heimstatt unserer Entstehung. Doch die Entfernung zwischen Schöpfer und Geschöpf ist unendlich groß, und nur der Schöpfer kann diese unendliche Kluft überbrücken. Die Qual dieser Trennung – die Sehnsucht –, der Schrei nach unseren tiefsten Wurzeln wird selbst zu einem Raum der Gottesbegegnung. Gott trifft uns – nicht durch seine Gegenwart, sondern durch seine Abwesenheit. Wir sehnen uns, und unsere Sehnsucht wird nicht gestillt, und dieser Hunger und Durst werden zum Beweis für die Existenz des einen, nach dem wir uns sehnen.

Durch Jesus wird der ersehnte Andere zu einem von uns und verwandelt durch die Gegenwart des Schöpfers, den Jesus Vater nennt. Der verklärte Jesus versinnbildlicht, was auch wir sein werden, wenn wir jenen Übergang vollzogen haben: unsere Lebensreise der Abwesenheit, der Trennung vom Schöpfer, vorausgesetzt, wir akzeptieren diese Trennung, weil der Schöpfervater, den sein Sohn Jesus uns offenbart, es so will.

Der Mystiker ist ein Mensch, dem der Vatergott in Abständen oder auch nur ein einziges Mal auf dieser Reise der Abwesenheit seinen Ursprung und sein Ziel offenbart. Diese Offenbarung ist eine Gegenwart in der Wüste der Seele, die so überzeugend ist, daß sie kein Trugbild sein kann; so real, daß die mystische Seele für immer in der quälenden Sehnsucht nach dieser Gegenwart gefangen ist. Und so richtet sich die Seele nach der Ewigkeit aus, und in diesem Prozeß des In-Gott-Aufgehens wird auch der Übergang selbst verwandelt. Auch und vor allem in der unterwegs empfundenen Abwesenheit Gottes läßt sich die Seele nicht beirren, denn sie hat schon in diesem Leben einen Blick auf das künftige ewige Leben mit Gott erhaschen dürfen.

Wenn der Mystiker inmitten der Abwesenheit (die die Sehnsucht selbst ist) diese ewige Gegenwart erfährt und versucht, diese Erfahrung in Worte zu fassen, dann wird deutlich, wie unzureichend die menschliche Sprache ist. Nur Metaphern können eine Ahnung von dem vermitteln, was man sieht, wenn der Schleier der gewöhnlichen Welt sich hebt, um Gott innerhalb oder außerhalb unserer gewöhnlichen Erfahrung zu enthüllen.

Der Mystiker stammelt und stottert, und diese unzulänglichen Worte nennen wir mystische Schriften. Und diese Worte sind so arm, weil der Schöpfer von aller Ewigkeit her das endgültige Wort gesprochen hat, die zweite Person der Allerheiligsten Dreifaltigkeit, die für uns greifbar in Jesus Christus ausgedrückt ist, der wiederum selbst Worte äußert, die aus seiner göttlichen Wesenheit stammen. Er ist das Wort Gottes; er spricht göttliche Worte, die in den unzureichenden Gefäßen menschlicher Wörter aufbewahrt werden, Wörtern, die nicht geeignet sind, das eine, menschgewordene Wort Gottes angemessen auszudrücken.

Doch diese unangemessenen Wörter sind alles, was wir haben, so lange Gott sich nicht entscheidet, uns mehr zu offenbaren. Und dieses Mehr nennen wir mystische Erfahrungen: mehr als die Worte Gottes in der Schrift, mehr als die Worte Gottes, die Gottes Geschöpfe sind, mehr als die Bilder, die unser eigener Verstand heraufbeschwört. Dieses Mehr ist es, das wir suchen, wenn wir die Mystiker lesen: einen weiteren Beweis für Gottes vertraute Nähe, einen weiteren Weg, diese Nähe auszudrücken, eine weitere Bestätigung für die Wahrheit der Heiligen Schrift, eine weitere Abwesenheit in unserem Leben, wenn wir nicht selbst das erfahren haben, was die Mystiker erfahren haben, eine weitere Intensivierung unserer Sehnsucht nach mehr. All das hat die moderne Mystikerin Simone Weil in diesen gequälten, unzulänglichen Sätzen kurz und bündig formuliert:

Das Unglück ist ein Wunder der göttlichen Technik. Es ist eine simple und sinnreiche Vorrichtung, vermittels welcher diese Unermeßlichkeit blinder, roher und kalter Kraft in die Seele eines endlichen Geschöpfes hineingetrieben wird. Der unendliche Abstand, der Gott von dem Geschöpf trennt, versammelt sich gänzlich auf einen Punkt, um die Seele in ihrem Zentrum zu durchbohren (…)

Dank dieser wunderbaren Dimension kann die Seele, ohne das Hier und Jetzt zu verlassen, wo der Körper sich aufhält, an den sie gebunden ist, die Gesamtheit von Raum und Zeit durchmessen und in Gottes Gegenwart selber gelangen.[1]

Ja, das Unglück. Das Geheimnis schlechthin. Leiden als der Berührungspunkt mit Gott. Kein gesuchtes, sondern ein in Liebe angenommenes Leiden. Weils Leben und Sehnen sind ein kraftvolles Bild für das Paradox, das in diesem großartigen Mysterium enthalten ist.

Mysterium ist die Wurzel des Wortes Mystik. Der Mystiker ist jemand, der verstrickt, hineingegangen ist in das Mysterium. Unglück ist der Anschein, den diese „wunderbare Dimension" mit ihrem zuweilen abstoßenden, wahnsinnigen Gesicht und ihrem göttlichen Inneren sich häufig gibt.

Simone Weils Geschichte ist die Geschichte eines großen Geistes, der in einem gebrochenen Leib und einer gebrochenen Seele gefangen war und gerade in dieser Gebrochenheit ihr Unglück und damit den Ort der Begegnung mit Gott findet.

Sie wird in Paris als Tochter nicht praktizierender jüdischer Eltern geboren, die der oberen Mittelschicht angehören: des Arztes Bernard Weil und seiner Frau, Selma Reinherz, einer übermäßig besorgten Mutter, die eine krankhafte Angst vor Mikroben hat und ihre Kinder ständig zwingt, sich die Hände zu waschen. Außerdem besteht sie darauf, daß niemand, der nicht zur unmittelbaren Familie gehört, die Kinder küssen darf, was mit ein Grund dafür gewesen sein mag, daß Simone zeit ihres Lebens die meisten Formen von Körperkontakt vermied.

Simone hat einen älteren Bruder, den 1906 geborenen André, der schon früh eine besondere mathematische Begabung an den Tag legt und als Zwölfjähriger mathematische Probleme löst, die die meisten Mathematikstudenten überfordert hätten. Er wird später ein bekannter Mathematiker an der *Princeton University*. Simone und André stehen sich nahe, obwohl Simone sich ihrem Bruder intellektuell unterlegen fühlt und sich häufig wünscht, ein Junge zu sein.

Als 1914 der Erste Weltkrieg ausbricht, wird Dr. Weil einberufen; Madame Weil folgt ihrem Ehemann mit den Kindern an sämtliche Einsatzorte. In dieser Zeit belegt Simone Fernkurse und zeigt erste Anzeichen einer beginnenden Magersucht, als sie sich mit fünf Jahren weigert, Zucker zu essen, weil die französischen Truppen an der Front auch keinen Zucker haben.

1921 ist sie zwölf Jahre alt und beginnt unter Migränekopfschmerzen zu leiden, die sie den Rest ihres Lebens ungemindert begleiten werden. Trotz ihrer anfälligen Gesundheit lernt Simone jedoch fleißig und erwirbt 1925 am *Lycée Victor Duruy* das Bakkalaureat in Philosophie. Danach studiert sie am *Lycée Henri IV* unter dem Philosophen Émile-Auguste Chartier, besser bekannt unter seinem Pseudonym Alain. Er gibt ihr den Spitznamen „Martian", weil sie ihre Weiblichkeit so offensichtlich verachtet und ihre intellektuellen Ziele mit solcher Intensität verfolgt.

1928 geht Simone an die *École Normale Supérieure*. Bei den Aufnahmeprüfungen ist sie die Beste, gleich gefolgt von Simone de Beauvoir, der bedeutenden existentialistischen Schriftstellerin und Philosophin. Hier kommt sie mit den politischen Ansichten der Linken in Berührung und zeigt eine extreme Empathie mit den Arbeitern und ihren Lebensbedingungen. Nachdem sie sich 1931 mit einer Arbeit über „Wissenschaft und Wahrnehmung bei Descartes" und hervorragenden Ergebnissen in den Abschlußexamina graduiert hat, geht Simone als Philosophielehrerin an eine Mädchenschule in der Nähe von Lyon. In der ersten Hälfte der Dreißigerjahre konzentriert sich ihr schriftstellerisches Schaffen auf soziale Probleme und Klassenfragen.

Sie nimmt an öffentlichen Kundgebungen gegen die Arbeitslosigkeit teil und wird 1932 nach Auxerre versetzt. Wieder gibt es Probleme, und schließlich wird ihre Stelle gestrichen.

Während dieser unfreiwilligen Unterbrechung ihrer Lehrtätigkeit beginnt sie in drei Fabriken zu arbeiten und lernt schon bald, wie flexibel die Menschen sind. Mühelos wechseln sie von Gefühlen des Zorns oder der Auflehnung gegen unmenschliche Bedingungen zu totaler Unterwerfung. Im Unterschied zu den anderen Arbeitern fühlt Simone, daß Fabrikarbeit Sklavenarbeit ist, bei der die Arbeiter unter anderem das Gewicht sinnloser Zeit zu spüren bekommen. All das mündet in ihre Schriften über die Arbeit ein, in denen sie vor allem drei Bestandteile würdiger Arbeitsbedingungen betont: (1) die Möglichkeit des Denkens, (2) Möglichkeiten des Erfindens und (3) des Urteilens.

Die Arbeit und die Erniedrigung in der Fabrik erschöpfen Simone so, daß sie einwilligt, ihre Eltern auf eine Portugalreise zu begleiten, wo sie zum ersten Mal wirklich mit dem Christentum in Berührung kommt. In einem armen Fischerdorf beobachtet sie, wie die Frauen der Fischer am Fest des Dorfheiligen in Prozession um die Schiffe herumziehen,

Kerzen in den Händen tragen und herzzerreißende alte Kirchenlieder singen. „Niemals habe ich etwas so Ergreifendes gehört", schreibt sie, „außer dem Gesang der Wolgaschlepper. Dort hatte ich plötzlich die Gewißheit, daß das Christentum vorzüglich die Religion der Sklaven ist, und daß die Sklaven nicht anders können als ihm anhängen, und ich unter den übrigen."[2]

Simone meint dies durchaus positiv, denn sie leidet tief mit jenen mit, die durch die moderne Industrie versklavt worden sind, allen voran den Fabrikarbeitern, deren Los sie geteilt hatte. „Während meiner Fabrikzeit, als ich in den Augen aller und in meinen eigenen mit der anonymen Masse ununterscheidbar verschmolzen war, ist mir das Unglück der anderen in Fleisch und Seele eingedrungen (…) Dort ist mir für immer der Stempel der Sklaverei aufgeprägt worden, gleich jenem Schandmal, das die Römer den verachtetsten ihrer Sklaven mit glühendem Eisen in die Stirn brannten. Seither habe ich mich immer als einen Sklaven betrachtet."[3]

Nach ihrer Rückkehr aus Portugal arbeitet Simone nicht wieder in der Fabrik, sondern kommt als Lehrerin ans Gymnasium von Bourges, wo sie den Großteil ihrer zu Lebzeiten veröffentlichen politischen Schriften verfaßt.

Im Frühling 1936 erforscht sie das Leben der Landarbeiter, als sie in der Stadt Cher auf einem Familienbauernhof arbeitet. Im August reist sie nach Barcelona, um sich der republikanischen Front anzuschließen. Eine Zeitlang gehört sie der Gruppe unter dem führenden katalanischen Anarchisten Durutti an. Außerdem tritt sie einer anarchistischen Gewerkschaft bei.

Doch schon bald macht der Krieg Simones Illusionen zunichte, und sie schreibt: „Ist eine gewisse Art von Menschen einmal von zeitlichen und geistlichen Autoritäten außerhalb der Reihen jener plaziert worden, deren Leben einen Wert hat, dann ist den Menschen nichts natürlicher als das Töten".[4]

1937 tritt eine schlagartige Verschlechterung ihres Gesundheitszustands ein, und sie wird für längere Zeit von der Schule beurlaubt. Sie reist nach Italien, wo sie sich im Frühling in Assisi zum ersten Mal gedrängt fühlt, niederzuknien und zu beten: Da „zwang mich etwas, das stärker war als ich selbst, mich zum erstenmal in meinem Leben auf die Knie zu werfen."[5]

Als sie nach Frankreich zurückkehrt, willigt sie ein, am Gymnasium von Saint Quentin in der Pikardie Philosophie und Griechisch zu unterrichten. Sie schreibt viel und äußert sich immer entschiedener gegen einen Angriffskrieg und für eine Guerilla-Kriegsführung zu Verteidigungszwecken, die ihrer Ansicht nach moralisch eher zu akzeptieren und wirkungsvoller ist.

Im Januar 1938 erlebt sie einen gesundheitlichen Zusammenbruch und verbringt eine Zeit in der Benediktinerabtei von Solesmes, wo, als sie den gregorianischen Gesängen lauscht, die Passion Christi ein für allemal Teil ihres Lebens wird. Dort begegnet sie einem jungen Engländer, der ihr auffällt, weil er jedesmal mit strahlendem Gesicht von der Kommunionbank zurückkehrt. Er macht sie mit den englischen metaphysischen Dichtern John Donne, Richard Crashaw und insbesondere George Herbert bekannt, dessen Gedicht „Liebe" Simone von da an immer aufsagt, wenn sie von einer ihre Migräneattacken heimgesucht wird. „Ich habe es auswendig gelernt. Oft, wenn meine heftigen Anfälle von Kopfschmerzen auf ihrem Höhepunkt waren, habe ich mich geübt, es herzusagen, indem ich meine ganze Aufmerksamkeit darauf versammelte und von ganzer Seele der Zärtlichkeit zustimmte, die es in sich schließt." Und weiter: „Ich glaubte, nur ein schönes Gedicht zu sprechen, aber dieses Sprechen hatte, ohne daß ich es wußte, die Kraft eines Gebetes. Einmal, während ich es sprach, ist (...) Christus selbst herniedergestiegen und hat mich ergriffen."[6]

Dies sind die Worte, die in Simone Weil diese tiefe Wandlung auslösten:

Die Liebe grüßt' mich, doch mein Herz wich weg
voll Schuld und Sünd und Schmutz.

Doch flinke Liebe, die mein Zögern sah,
als ich am Eingang stand,
trat näher, stellte zart die Frage,
ob irgend etwas fehlt.
Ein Gast, erwidert' ich, der wert ist, hier zu sein.
Sie sprach: Du sollst es sein.
Bin ich nicht lieblos, undankbar? Geliebter, ach,
wie könnt' ich dich anschaun!
Die Hand nahm Liebe, lächelnd wand sie ein:
Wer schuf das Aug' als ich?
Wahr, Herr! Doch ich verdarb es; meine Schmach
sei, wo sie hingehört.
Weißt du denn nicht, sprach Liebe, wer die Schande trug?
Laß dienen, Liebster, dir.
Du setz' dich hin, sprach Liebe, kost' mein Mahl!
So setzt' ich mich und aß.[7]

Nach ihren Erfahrungen in Portugal, Assisi und Solesmes hält Gott Einzug in Weils Begrifflichkeit, und sie beginnt ein besonderes Interesse für den Katholizismus an den Tag zu legen.

Am 10. Mai 1940 rücken die Deutschen in Richtung auf Paris vor, und Simone schreibt an den Erziehungsminister, um von ihm zu erfahren, was er in den Statuten, die ihre Rechte einschränken und beschneiden, mit dem Wort „Jude" meint. Ihr geht es vor allem um die Frage, wie diese Einschränkungen sie persönlich betreffen werden. Simone scheint sich nicht über den Antisemitismus als solchen oder im Namen des jüdischen Volkes zu äußern, dessen systematische Verfolgung nun begonnen hat und dem alles, auch das Leben, genommen wird.

Der Minister hat ihr nie geantwortet, und am 13. Juni wird Paris zur offenen Stadt erklärt. Ihre Eltern überreden Simone, mit ihnen in die Hafenstadt Marseille zu gehen. Ihr Bruder geht nach Amerika.

In Marseille beginnt Simone die *Bhagawadgita* zu lesen, einen heiligen Text des Hinduismus, der ihren Überlegungen zur

Reinheit des Handelns und der Motivation im Krieg entgegenkommt. Sie schließt sich der Résistance an, verfaßt Schriften, in denen sie den Kriegseinsatz befürwortet, und hilft den Opfern ungerechter Behandlung, vor allem Indonesiern, die in Lagern interniert werden. Ihr Versuch, ein Team von Krankenschwestern für die Front zusammenzustellen, scheitert.

Unter der Vichy-Gesetzgebung wird Simone ihrer Lehrtätigkeit enthoben, und ihre nachfolgende schriftstellerische Tätigkeit ist von der Betrachtung des Übernatürlichen und des Mystischen beherrscht. In dieser Zeit begegnet sie auch ihren geistlichen Leitern – dem Dominikanerpater J.-M. Perrin und dem katholischen Schriftsteller Gustave Thibon –, die sie auf ihrem weiteren Weg zum Katholizismus ein Stück begleiten. Sie bringt Thibon Griechisch bei und beginnt, das Vaterunser auf griechisch zu beten. Dieses Gebet vermittelt ihr eine ähnliche Erfahrung wie das Gedicht von Herbert. Sie macht es sich zur Gewohnheit, es jeden Morgen mit größter Andacht zu sprechen, und die Folgen sind außerordentlich. Wie sie in einem Brief an Pater Perrin schreibt – später wird sie diesen Brief als ihre „geistliche Autobiographie" bezeichnen:

Mitunter reißen schon die ersten Worte meinen Geist aus meinem Leibe und versetzen ihn an einen Ort außerhalb des Raumes, wo es weder eine Perspektive noch einen Blickpunkt gibt. Die Unendlichkeit des gewöhnlichen Raumes unserer Wahrnehmung weicht einer Unendlichkeit zweiten oder manchmal auch dritten Grades. Gleichzeitig erfüllt diese Unendlichkeit der Unendlichkeit sich allenthalben mit Schweigen, mit einem Schweigen, das nicht die Abwesenheit des Klanges ist, sondern das der Gegenstand einer positiven Empfindung ist, sehr viel positiver als die eines Klanges. Die Geräusche, wenn deren da sind, erreichen mich erst, nachdem sie durch dieses Schweigen hindurchgegangen sind.

Mitunter auch ist während dieses Sprechens oder zu anderen Augenblicken Christus in Person anwesend, jedoch mit einer unendlich viel wirklicheren, durchdringenderen, klareren und liebevolleren Gegenwart als jenes erste Mal, da er mich ergriffen hat.[8]

1942 läßt Simone ihre Aufzeichnungen, aus denen später das Buch *Schwerkraft und Gnade* werden sollte, bei Thibon und reist mit ihren Eltern in die Vereinigten Staaten. In New York besucht Simone fast ein Jahr lang täglich die Messe. Im November 1943 reist sie alleine nach England und findet schließlich Arbeit bei der Widerstandsbewegung *France libre* in London. Dort schreibt sie *Die Einwurzelung*, ihr letztes Werk, und wird zunehmend magersüchtig, was sie der Solidarität mit dem besetzten Frankreich zuschreibt.

Als ihr Gesundheitszustand sich rapide verschlechtert und man eine Tuberkulose diagnostiziert, lehnt sie Behandlung und Nahrung ab. Sie weigert sich auch, die Taufe zu empfangen, obwohl ein katholischer Priester sie besucht. „Immer bin ich an genau dieser Stelle geblieben, auf der Schwelle der Kirche, ohne mich zu rühren, unbeweglich."[9] Ihre Vorbehalte gegen eine Taufe hatte sie Perrin in einem Brief vom 19. Januar 1942 dargelegt:

Ich liebe Gott, Christus und den katholischen Glauben, soweit es einem so kläglich unzulänglichen Wesen wie mir ansteht, sie zu lieben (…) Aber ich besitze keinerlei Liebe zur Kirche im eigentlichen Sinne, außerhalb ihrer Beziehung zu all diesen Dingen, die ich liebe (…) Es ist durchaus möglich, daß ich, nachdem Wochen, Monate oder Jahre ohne den geringsten Gedanken daran vergangen sind, eines Tages plötzlich den unwiderstehlichen Antrieb verspüre, unverzüglich die Taufe zu erbitten, und hineile, sie zu erbitten. Denn das Wirken der Gnade in den Herzen geschieht im Verborgenen und in der Stille.

Vielleicht auch endet mein Leben, ohne daß ich diesen Antrieb jemals empfunden habe. Eines aber ist unumstößlich gewiß. Nämlich daß, wenn einmal der Tag kommt, an dem ich Gott genugsam liebe, um die Gnade der Taufe zu verdienen, diese Gnade mir an dem gleichen Tage unfehlbar zuteil wird, in der Gestalt die Gott gefällt, sei es nun durch die Taufe im eigentlichen Sinne oder auf irgendeine andere Weise.[10]

Niemand weiß, ob Weil die Taufe „auf irgendeine andere Weise" empfangen hat, denn sie wurde in ein Sanatorium in Ashford, Kent, eingeliefert und starb am 24. August 1943 an Lungentuberkulose und Magersucht.

Bei aller Brillanz ihres Verstandes, bei aller Klarheit ihrer Schriften über die Arbeit, über philosophische Fragen oder über ihren eigenen spirituellen Weg ist Simone Weil doch eine Person, deren Widersprüchlichkeiten und Neurosen uns mißtrauisch machen. Sie erfährt die vertraute Nähe Christi, der ihr „erschien", oder, wie sie selbst es formuliert: Christus selbst ist herniedergestiegen „und hat mich ergriffen".

Die Not der Arbeiter ist für sie geradezu eine Obsession, und sie hat selbst in den Fabriken die niedrigsten Arbeiten verrichtet. Sie gibt den Hungernden zu essen; sie gibt den Armen Kleidung; ihre eigene Lebensweise und Kleidung sind ärmlich. Und doch sind da zugleich auch ihr Selbstekel, ihre Magersucht, ihre Grobheit, ihr rüdes Verhalten und ihre verächtliche Kritik an denen, die intellektuell mit ihr auf einer Stufe stehen (nicht jedoch an den Armen und den Arbeitern). Auch ihre unglaublichen antisemitischen Schriften können nicht so einfach mit dem Hinweis wegerklärt werden, sie sei ein Kind ihrer Zeit gewesen. Sie ging soweit zu sagen, die jüdischen Traditionen seien ihr fremd, die Juden ein für moralische Blindheit auserwähltes VoLukas gewesen – auserwählt, die Mörder Christi zu sein.

Dann sind da ihre Migräneattacken, die sie von Kindheit an quälten und die Frage nach der Quelle ihrer Visionen aufwerfen: Hat sie sie vielleicht selbst herbeigeführt, indem sie sich ausschließlich und mit extremer Aufmerksamkeit auf den eucharistischen Christus konzentriert hat, um sich von den fast nie aussetzenden Kopfschmerzen abzulenken?

Weil ist geradezu die Personifizierung jener Frage, die im Zusammenhang mit den Mystikern so häufig gestellt wird: Was ist psychologisch, autosuggestiv, und was kommt wirklich von Gott? Die einzige zufriedenstellende Antwort ist das Jesuswort: „An ihren Früchten werdet ihr sie erkennen" (Matthäus 7,16). In Weils Fall sind die Früchte ihres kurzen, 34jährigen Lebens schwindelerregend, und das gilt nicht nur für ihre intellektuellen Erzeugnisse und Schriften, die dem entsprechen, was man von einem intellektuellen Genie erwartet, sondern auch für ihr unbeirrbares Engagement und ihre Identifikation mit den armen Arbeitern. Ihr Mitgefühl war so groß, daß es ans Pathologische grenzte. Sie verinnerlichte ihr Leiden und wollte ihr „Unglück" – ein Wort, das sie immer wieder in ihren Schriften benutzt – persönlich kennenlernen. Und letzten Endes ist es Christus selbst, der ihre Gebrochenheit salbt; es ist Christus selbst, der sie ergreift und, wie der heilige Paulus sagt, „das Törichte in der Welt (…) erwählt, um die Weisen zuschanden zu machen, und das Schwache in der Welt (…) erwählt, um das Starke zuschanden zu machen" (1 Korinther 1,27).

Doch sei dem, wie es sei, es ist dennoch gefährlich, Mystiker wie Simone Weil nachzuahmen, wenn wir so naiv sind, nicht die Liebe und Nächstenliebe, in der ihre Heiligkeit besteht, sondern ihre Neurosen zu imitieren. Das Unglück beispielsweise, das für Simone Weil zum Ort der Gottesbegegnung wurde, war ihr Unglück und nicht das unsrige. Wir haben unser eigenes Unglück, unsere eigene Gebrochenheit, die zum Ort unserer eigenen Unterwerfung oder Auflehnung gegen den Willen Gottes wird. Wir müssen nicht das Kreuz Christi, sondern unser eigenes Kreuz auf uns nehmen und ihm nachfolgen. Dieses liebende Auf-sich-Nehmen – und nicht die Gesundheit oder Unvollkommenheit seiner Psyche – macht den Kreuztragenden heilig. Es geht um den Willen, unser Kreuz auf uns zu nehmen, den Willen, uns Gottes Herrschaft zu unterwerfen – und nicht um die Vollkommenheit des Menschen, der das Kreuz trägt.

Deshalb blicken wir auf die Werke der Mystiker, die Früchte ihrer Liebe, und nicht auf die exzentrischen Eigenarten oder sogar Vorurteile, die Teil ihrer Persönlichkeit sind. Über seine Heiligkeit entscheidet nicht die Vollkommenheit eines Menschen, sondern die Frage, ob er all seinen Unvollkommenheiten zum Trotz glaubt, hofft und liebt. Was bei Thérèse von Lisieux und Franz von Assisi als erlösendes Leiden gilt, wird bei Simone Weil zuweilen als Neurose bezeichnet. Doch Christus hat sie alle drei ergriffen, und sie alle verbindet eine leidenschaftliche Liebe zu Christus und ein heroisches Mitgefühl mit den Ausgegrenzten: den Armen, den Gebrochenen, den Außenseitern, auch wenn Weil selbst ihr eigenes jüdisches VoLukas aus unerklärlichen Gründen ausgegrenzt zu haben scheint.

Schon die vierjährige Simone wollte keinen Zucker, weil „die Soldaten an der Front keinen bekommen konnten",[11] und sie „adoptierte" einen Soldaten, sammelte Holz und verkaufte es bündelweise, um Proviant für ihn zu kaufen. Simone war Ungerechtigkeit gegenüber so empfindlich, daß sie, obwohl sie noch ein Kind war, außer sich geriet über die Demütigung, die die Versailler Verträge von 1919 den Besiegten auferlegten. Wenige Jahre später schrieb sie an einen Freund: „Ich leide mehr unter den Demütigungen, die mein Land auferlegt, als unter denen, die ihm auferlegt werden."[12] Das war der Beginn ihres lebenslangen Engagements für politische Gerechtigkeit und das Ende ihres naiven Patriotismus, wie sie selbst es nannte. Ihre Leidenschaft für Gerechtigkeit erklärt auch ihre radikalen politischen Einstellungen, ihr gewerkschaftliches Engagement, ihre anfängliche Begeisterung für die Bolschewiken und den Kommunismus, den sie später ablehnte, weil sie ihn für einen gefährlicheren Feind als den Kapitalismus hielt. Ihren anscheinend blinden Antisemitismus erklärt sie nicht.

Simone Weil war die, die sie war. Wie wir alle war sie ein Bündel aus Widersprüchen. Es ist nicht an uns, Gottes Liebe und Güte Schranken aufzuerlegen. Gott wird Erbarmen haben mit seinen Auserwählten – mit dem Pharisäer Paulus von Tarsus ebenso wie mit dem Sünder Augustinus von Hippo. Auch darin, daß sie Christus nicht begegnete, war Weil sie selbst, und das Leben, das sie führte, änderte sich von Grund auf – wie das des reichen Jünglings Franz von Assisi. Ihre Begegnung mit Christus gab ihr nur Trost und Nähe in dem, was sie schon längst tat: in ihrer Option, das Leben der armen Arbeiter zu teilen, gerechte Löhne und die Gründung von Gewerkschaften uneingeschränkt zu unterstützen und zu befürworten und sich selbstlos für das Wohlergehen ihrer Schülerinnen einzusetzen.

Es war, als hätte Christus selbst ihrem exzentrischen, gebrochenen Leben sein Siegel aufgedrückt. Auch die scheinbare Hoffnungslosigkeit einer schweren Magersucht ist um ihrer Herzensgüte willen, die sich trotz der Eßstörung und der zermürbenden Kopfschmerzen weiterhin in karitativen Werken äußert, hineingenommen in die liebende Gegenwart Christi. Wie der heilige Paulus schreibt: „Hat Gott nicht die Weisheit der Welt als Torheit entlarvt?" (1 Korinther 1,20). In der brillanten Simone Weil, deren scharfer Intellekt und eherne Überzeugungen sich vor der vertrauten Nähe Christi gleichsam in Nichts auflösten, hat Gott dies ganz gewiß getan.

Man würde sich nicht für ein Leben wie das der Simone Weil entscheiden, doch wenn wir gebrochen und schwach sind und dennoch weiter in Liebe leben, dann entscheidet Christus sich für uns.

Betrachtung

Simone erinnert uns wieder einmal daran, daß die mystische Erfahrung die Illusion des Egos zerstört, das sich einbildet, alles unter Kontrolle zu haben. Die mystische Erfahrung selbst kommt unerwartet und hat nichts, aber auch gar nichts mit dem zu tun, was der Mystiker in dem Versuch, sie herbeizuführen, womöglich tut. Der Mystiker kann die Hand Gottes nicht zwingen oder Gottes Gnade verdienen. Gott ist reines Geschenk, und dieses Geschenk ist, wie Jesus es so schön ins Bild gefaßt hat, wie der Wind, der kommt und geht, wie es ihm gefällt, und nicht, wie wir es ihm befehlen. Wir können nur vertrauen und glauben, daß Gott für uns da ist, ob wir es nun spüren oder nicht. „Seht euch die Lilien an", sagt Jesus: „Sie arbeiten nicht und spinnen nicht. Doch ich sage euch: Selbst Salomo war in all seiner Pracht nicht gekleidet wie eine von ihnen" (Lukas 12,27).

Die Lilien können nichts tun, um sicherzustellen, daß Gott für sie sorgt, und genau das ist so verstörend an der unmittelbaren Gotteserfahrung des Mystikers. Sie erinnert den Mystiker und uns, die wir die Worte des Mystikers lesen oder die Ereignisse seines oder ihres Lebens beobachten, daran, daß wir Gott, unser Leben und unsere Welt nicht kontrollieren können. Und wir können auch nichts dazu tun, daß die mystische Erfahrung sich wiederholt, noch einmal geschieht. Alles, was der Mystiker und jeder von uns tun kann, ist, Gott von ganzem Herzen und ganzer Seele und mit all unseren Gedanken zu lieben und unseren Nächsten zu lieben wie uns selbst; das Übrige hängt allein von Gott ab. Wir können den Tod nicht verhindern, wir können Gott nicht in unserem Leben erscheinen lassen; wir können uns nur dem Willen Gottes unterwerfen, der uns erschafft, erlöst und heiligt, wie er will, und nicht, wie wir wollen.

Für unser Ego ist dies natürlich eine entsetzliche Vorstellung: loszulassen, uns damit abzufinden, daß wir letztlich hilflos sind, wenn wir nicht auf ein Wesen vertrauen, das größer ist als wir selbst, ein Wesen, das uns in seiner hohlen Hand geborgen hält, ein Wesen, das grenzenlos, allmächtig und allgut ist. Das Ego ist davon überzeugt, daß ein einziger weiterer Akt der Buße, eine weitere heroische Tat, eine weitere Technik uns unsere Kontrolle, unsere Macht, unser Selbstvertrauen und unsere Sicherheit zurückgibt. Mystiker wie Simone Weil lehren uns, daß genau dies nicht zutrifft.[13]

Kapitel Zehn

ROBERT LAX:
EINE ART ENTZÜCKEN (1915–2000)

Die Meilensteine an meinem Lebensweg sind Bücher. Mein erstes Hörbuch war die Stimme meiner Mutter, die ihrem einzigen Kind in den dunklen Tagen des Zweiten Weltkriegs *Huckleberry Finn* vorlas, während Dad als Artillerist der Zweiten Marinedivision auf der Insel Saipan stationiert war. Eine weibliche Stimme, ein nicht anwesender Vater, eine buntschillernde Vielfalt von Klängen und Stimmen in *Huckleberry Finn*.

Wenn meine Mutter mir vorlas, dann fühlte ich mich nicht mehr alleine, wenn die Sandstürme von New Mexico heulend durch die Fensterritzen unseres grauen Stuckhauses in Gallup bliesen. Ich war gar nicht da. Ich war in der Stimme meiner Mutter, und wir beide rauschten auf einem Floß den Mississippi hinunter, und rechts und links von uns breitete sich Amerika aus. Mutter und ich waren Mitverschwörer, die wie Huck und Jim von zu Hause wegliefen – mitten hinein in die Wildnis der Wörter.

Und so ging es weiter, Buch für Buch, bis ich mit Robert Louis Stevensons *Entführt* meine erste Reise allein unternahm und begriff, daß sich hinter der Stimme meiner Mutter noch eine weitere Stimme verbarg. Sie war in den Wörtern selbst, und ich konnte sie ganz für mich allein entdecken. Von diesem Tag an hatte ich immer ein Buch in Reichweite.

Als ich dreizehn war, fing ich an, die Heiligenviten zu lesen, und entdeckte eine Welt heiliger Menschen, die tapferer und tugendhafter waren, als ich es jemals würde sein können. Ich trug die Worte über sie und ihre eigenen Worte immer bei mir – selbst als ich hinter der Theke von Maria Ramirez' winzigem Lebensmittelladen im Erdgeschoß des Hauses stand, das dem unseren gleich gegenüberlag.

Maria ließ mich hinter der Theke die Stellung halten, während sie hochging, um das Abendbrot zuzubereiten, und ich las die Lebensgeschichte eines Heiligen, während ich auf potentielle Kunden wartete, die allerdings nur selten durch die Tür kamen. Als ich eines Tages in Marias kleinem dunklen Ladengeschäft saß und G. K. Chestertons *Franziskus* las, begriff ich, daß sich mein Leben um mehr drehte als bloß um die Worte, die ich las, und noch im selben Herbst trat ich in das *St. Francis Seminary* in Cincinnati ein. Dieser Ort war von Gallup, New Mexiko, ebensoweit entfernt wie die Welt der Heiligen und doch zugleich ebenso nah wie ihre Worte.

Weil mir die Bücher so wichtig waren, nahm ich Bücher mit, und die ganzen dreizehn Jahre meiner Priesteramtsvorbereitung hindurch fand ich auch dort genügend Bücher. Es waren nicht, meiner ersten Leidenschaft gemäß, ausschließlich Heiligenviten; es waren nicht einmal alles theologische oder auch nur fromme Bücher. Eines hatte mich die Lektüre der Heiligenbiographien schon in meiner Jugend gelehrt: der Stoff kann noch so heilig sein – er wird billig und falsch, wenn die Worte nicht authentisch und gut sind. Und am College lernte ich, daß kein Stoff unangemessen ist, so lange nur die Worte gut und wahr sind.

Ich erinnere mich noch lebhaft daran, wie ich im Grundstudium Hemingway las und dabei die Stimme meines Vaters hörte. Die Stimme wurde schließlich wichtiger als die Worte, und wenn die Stimme stockte, dann wußte ich, daß mit der Qualität der Geschichte etwas nicht stimmte und die Worte gesucht waren. Wieder gab mir die Stimme mehr Mut, als ich zu besitzen glaubte. Ich machte es mir zur Gewohnheit, *Der alte Mann und das Meer* zu lesen, wenn ich etwas tun mußte, wovor ich Angst hatte oder das ich mir nicht zutraute. An einem Frühlingsnachmittag gelang mir danach ein *Homerun* für meine Collegemannschaft.

Wie wichtig und real die Worte für mich sind, begriff ich erneut unter dem Eindruck der Worte, die Amerika benutzte, als es im Begriff war, in den Irak einzumarschieren. Mir war bewußt, daß viele gute und heilige Katholiken und Christen den Irakkrieg guthießen, doch ich konnte ihnen darin nicht folgen. Es quälte mich zu sehen, was die Vereinigten Staaten nicht nur dem irakischen Volk, sondern auch den Worten antaten. *Propaganda und Meinungsmache, Propaganda und Meinungsmache,* sagte ich immer wieder zu mir selbst. Hassenswerte Meinungsmache und Propaganda, als das Fernsehen dazukam und die Bomben auf den Irak fielen und Pseudorechtfertigungen wieder und wieder die viel zu einfache Botschaft verkündeten, daß, ja, der Zweck die Mittel rechtfertigt; und daß, nein, nicht nur dann von einem gerechten Krieg die Rede sein kann, wenn er der allerletzte Ausweg ist, wenn alle anderen gewaltlosen Mittel erschöpft sind; und daß, ja, ein einseitiger Präventivkrieg gegen ein weit unterlegenes militärisches Ziel erlaubt ist. Jede Halbwahrheit, jedes Opfer von Menschenleben ist erlaubt, so lange es der Sache der Freiheit dient und gewährleistet ist, daß die, denen diese Freiheit zugutekommt, ihrem Befreier auf ewig dankbar und treu ergeben sein werden.

Je genauer ich hinsah, desto deutlicher wurde alles, was mir im Hinblick auf Wort und Wahrheit teuer war, vor meinen Augen enthüllt, und ich implodierte förmlich von der seismischen Verschiebung in meiner Wahrnehmung der Moral, der Untrennbarkeit von Sprache und Sittlichkeit und der heilenden Macht der Worte.

Zu dieser Zeit unterrichtete ich ein Semester lang am Franziskanischen Institut der *St. Bonaventure University* im Westen von New York, und meine wachsende Verzweiflung und Verwirrung, meine Entschlossenheit, mich an Das Wort zu halten, in dem jedes wahre Wort seinen Ursprung und seinen Wert hat, wurden vorübergehend dadurch gelindert, daß ich den Mystiker und Dichter Robert Lax entdeckte. Die Bibliothek der *St. Bonaventure University* besitzt die größte Materialsammlung zu

Robert Lax, einem Dichter und Eremiten, mit dem ich damals nur sehr vage und hauptsächlich aufgrund seiner Freundschaft und Korrespondenz mit Thomas Merton vertraut war. Ich hatte keine Ahnung, daß ich bei ihm die Wahrheit der Worte und Das Wort der Wahrheit wiederfinden sollte.

Ich begann in meiner Freizeit die Lax-Archive zu durchforsten und fühlte, wie mein Glaube an die Worte nach und nach zurückkehrte und mein Seelenfrieden durch Worte wie die Folgenden aus dem *Handbuch für Friedensstifter* wiederhergestellt wurde:

wie	1:	lieg
man		ei
den		ne
tag		zeit
be		im
ginnt		bett
		&
tips		
		schau
von		
		an
den		
		die
mei		
		dek
stern		
		ke
	2:	
	3:	
	4:	
	5:	
	—	
sei		gib
an		frie

we	den
send	
	für
für	
	den
die	
	mo
mo	ment
men	
te	
wie	laß
sie	frie
selbst	den
an	brin
we	gen
send	den
sind	mo
	ment
für	
	für
dich	
	dich
—	
	—[1]

Hier ist Sprache auf das Wesentliche reduziert: Wörter zerfallen zu Silben, werden auf dem Papier auseinandergebrochen und produzieren so einen doppelten Sinn: anwesend wird an we send, und schon hat das Wort wesentlich etwas mit Sendung zu tun. Hier war jemand, zu dem ich mich sogleich hingezogen fühlte, jemand, den es sich zu lesen lohnte. Und so begann meine Reise in die Worte und in das Leben von Robert Lax.

Merton und Lax waren für mich von Kindheit an miteinander verknüpft. Damals las ich im Sportgeschäft meines Vaters Mertons *Berg der sieben Stufen*, während die Kunden ein und aus gingen. Merton schrieb über sein Konsemester an der *Columbia University* in den 1930ern:

Jedenfalls besaß Lax (...) eine weit tiefere Einsicht und eine klarere Auffassung der Dinge als ich. Er stand der Gnade Gottes viel näher als ich (...) Für mich aber war er ohne Zweifel eine der Stimmen, welche der Geist Gottes in seiner Beharrlichkeit erwählte, um mich den Weg zu lehren, den ich zu gehen hatte.[2]

Lax' Professor und Mentor an der Columbia University, Mark van Doren, schrieb über ihn:

Er war so wenig kommunikativ und so schüchtern, daß ich, selbst wenn ich es versucht hätte, ihm keines seiner Geheimnisse hätte entlocken können. Sein Hauptgeheimnis – zu diesem Ergebnis bin ich inzwischen gekommen – war eine Art Entzücken, mit dem er nichts anzufangen wußte. Am allerwenigsten wußte er es auszudrücken. Merton hat sein längliches, düsteres, launisches Gesicht beschrieben und gesagt, er habe ausgesehen wie jemand, der „einem unbegreiflichen Leid nachgrübelt". Dieses Leid war, wie ich nun glaube, Lax' Unvermögen, sein Entzücken zu zeigen: seine Liebe zur Welt und allen Dingen, allen Personen in ihr.[3]

Als ich begann, mich in Lax' Leben zu vertiefen, wurde mir schon bald klar, daß diese Liebe zur Welt und zu allen Dingen in ihr und seine Suche nach Worten, mit denen sich dieses Entzücken ausdrücken läßt, seinen ganzen Lebensweg bestimmt. Er wurde am 30. November 1915 in Olean, New York, geboren und starb 85 Jahre später, am 26. September 2000, ebenfalls in Olean – zwei Monate nachdem er von der Hafenstadt Skala auf der griechischen Insel Patmos in die Vereinigten Staaten zurückgekehrt war. Fast vierzig Jahre lang hatte er als Einsiedler auf den Inseln Kalymnos und Patmos gelebt.

Lax veröffentlichte sein erstes Gedicht als Elfjähriger und schrieb ab und an für die Zeitung seiner High School, doch erst an der *Columbia University*, an der er in den 1930er Jahren studierte, begann er ernsthaft zu schreiben, wozu ihn vor allem Mark van Doren und sein Mitstudent Thomas Merton ermutigten und inspirierten, mit dem ihn eine lebenslange Freundschaft verband. Sowohl Lax als auch Merton arbeiteten wie ihr gemeinsamer Freund, der Künstler Ad Reinhardt, an *The Jester* mit, der Literaturzeitschrift der *Columbia University*.

Als Merton einige Jahre nach seinem Abschluß in das Trappistenkloster Gethsemane in Kentucky eintrat, arbeitete Lax fast ein Jahr lang am Friendship House in Harlem, einem katholischen Zentrum für Sozialarbeit, das Catherine de Hueck Doherty gegründet hatte. Seinen Unterhalt verdiente er sich mit Beiträgen und seiner Redaktionsarbeit für die Zeitschrift *New Yorker*.

Am 19. Dezember 1943 wurde Lax auf den Tag genau fünf Jahre nach Merton römisch-katholisch getauft. Lax hatte seiner Mutter ein Jahr vorher von seiner Absicht erzählt, und sie hatte ihn lediglich gebeten, zunächst ein Jahr lang seinen jüdischen Glauben ernsthaft zu leben. Das tat Lax, und er trug sogar den schwarzen Hut und die Gebetsriemen.

Als das Jahr vergangen war, sagte er seiner Mutter, es sei noch immer sein brennender Wunsch, katholisch zu werden, und sie gab ihm vorbehaltlos ihren Segen.

Die Jahre zwischen 1948 und 1951 waren für Lax sehr intensiv. Er unterrichtete Englisch am *Connecticut College*, lebte in Frankreich und Italien und arbeitete weiter als freischaffender Schriftsteller. Doch die entscheidenden Ereignisse dieser Zeit waren seine Reisen mit dem Zirkus. 1949 reiste er mit dem Familienzirkus Cristiani durch den Westen Kanadas und befreundete sich vor allem mit Mogador Cristiani, dem Sohn der Familie, der Akrobat und Kunstreiter war und das Geschäftliche regelte; 1951 reiste Lax mit dem Alfred-Court-Zoo-Zirkus nach Europa. Diese Erfahrungen verarbeitete er in seinem großartigen Frühwerk *Circus of the Sun* und später in *Mogador's Book und Voyage to Pescara*.

Circus of the Sun entstand im Frühling 1950 in einem Raum im Untergeschoß der *St. Bonaventure University*. Einer der Brüder dort hatte ihm den Rat gegeben, jeden Tag exakt zur selben Zeit zu schreiben, und Lax hielt sich daran. Den ersten Entwurf des Buchs stellte er noch vor seiner Abreise nach Frankreich an der *St. Bonaventure* fertig, doch die endgültige Version wurde erst 1959 veröffentlicht.

Über *Circus of the Sun* schreibt der Lax-Archivar Paul Spaeth:

Der Reporter Lax sieht die Dinge mit kindlicher Anmut. Zuweilen erinnert seine Sichtweise an die Propheten des Alten Testaments, zuweilen an den heiligen Franziskus, der einen neuen „Sonnengesang" dichtet, und zuweilen an ein Kind, das über das Zirkusgelände spaziert und Popcorn ißt.[4]

Als zutiefst religiöses Gedicht ist *Circus of the Sun*

eine Neubearbeitung des Schöpfungsberichts der Genesis. Die Leere ist von Zirkeln markiert und somit geordnet. Die Zirkel zeichnen Kreise; später wird man darin die Kreise des Zirkusrunds erkennen, die Kreise der Kugeln, die die Jongleure verwenden, die Kreise der Akrobaten, die auf den Pferderükken Purzelbäume schlagen. Der gezeichnete Kreis des Zirkels zieht eine Linie, in der „Anfang und Ende in eines fallen"; jenes eine, das der Schöpfergott ist, der mit Weisheit alle Dinge ins Dasein ruft.[5]

Lax' Liebe zum Zirkus begann schon in seiner Kindheit. Sein Vater nahm ihn mit, wann immer ein Zirkus nach Olean kam, und in gewisser Hinsicht war sein ganzes Leben von 1949 an eine Reise mit dem Zirkus. Ein franziskanischer Sinn für das Staunen und die Wanderschaft führte ihn nach Frankreich, Italien und schließlich Griechenland, bis er kurz vor seinem Tod nach Olean zurückkehrte und sich nicht nur der Kreis seiner äußeren Reisen, sondern auch jener Reise schloß, über die er in *Circus of the Sun* geschrieben hatte:

Manchmal gehen wir auf eine Suche
und wissen nicht, wonach wir Ausschau halten,
bis wir wieder an unseren Anfang kommen.[6]

Lax zu lesen war vom ersten Moment an so, als läse man einen kontemplativen Franziskaner. So einfach und anderwärts ist seine Stimme. Die franziskanische Kontemplation unterwirft sich der Wahrheit des anderen. Sie ist eine Art Gehorsam. Über den Gehorsam sagt der heilige Franziskus in seinem *Gruß an die Tugenden*, er sei

allen Menschen,
die in der Welt sind,
preisgegeben und unterworfen,
und nicht nur allein den Menschen,
sondern auch allen Bestien und wilden Tieren,
damit sie mit ihm tun können, was immer sie wollen,
soweit es ihnen von oben herab,
vom Herrn, gegeben ist.[7]

Das ist auch Lax' Gehorsam. In einer Welt, in der die Ideologie die Wahrheit häufig übertrumpft, in der die Gesetze, durch die wir die Welt sehen, häufig wichtiger sind als das, was wir sehen, ist Lax ein wunderbarer Wahrheiterzähler, weil er sich der Wahrheit des anderen unterwirft – nicht seiner eigenen Wahrnehmung oder der ideologischen Brille, durch die er diese Wahrheit sieht, sondern der Wahrheit des anderen. Er läßt das andere nach Belieben mit ihm verfahren, statt es seiner eigenen Wahrnehmung unterzuordnen. Eine solche Kontemplation setzt eine Form von Unterwerfung voraus, die darin besteht, das andere anzusehen und ihm zuzuhören, bis es sich selbst offenbart. Ist die Einzigartigkeit des anderen erst einmal zutage getreten, erfassen wir seinen Namen intuitiv.

Manchmal besteht die einzigartige Wirklichkeit nicht in einem bestimmten Gegenstand, sondern in einer Erfahrung oder einer Konstellation von Erfahrungen, wie in dem folgenden Abschnitt aus Lax' *21 Pages:*

> Etwas, woran ich mich erinnere apropos im Regen stehen, auf der Straße, aufrecht natürlich und im strömenden Regen. Nein, kein Strömen: ein vertikaler Wolkenbruch. Nacht und unter einem Licht im Wolkenbruch. Habe ich damals irgendwelche Fragen gestellt? Habe ich ein Gesicht gesehen? Ich war vollkommen allein auf der Straße. Allein. Ich war Teil des Regens. Nicht Teil des Regens, Teil des Moments, den der Regen bedeutete.[8]

Nur jemandem, der ganz „außer sich" und im anderen ist, kann dieser „Moment, den der Regen bedeutete", so bewußt sein, bewußter als das, was der Regen mit ihm tut. Der Regen hindert den Dichter nicht, hält ihn nicht auf, bereitet ihm keine Unannehmlichkeiten, weil er sich ihm so vollkommen preisgibt, daß er sich nicht einmal daran erinnert, welche Fragen – wenn überhaupt – er gestellt hat. Er ist allein und doch nicht allein, denn er ist Teil des Regens unter einem Licht in der Nacht. Licht in der Dunkelheit, Nacht, die Licht ist, Teil des Moments, den der Regen bedeutet. Er bedeutet etwas; er hat einen Sinn. Lax ist mit ihm verbunden. Das ist sein Entzücken. Und das Lesen dieser Verse läßt Lax' Entzücken zum Entzücken des Lesers werden. Durch Lax' Stimme und Worte gerät er „außer sich".

Einige Abschnitte weiter schreibt Lax in Worten, die an die „Dunkle Nacht" des heiligen Johannes vom Kreuz erinnern, über seine Berufung des Wartens und Ausschauhaltens.

Ich öffne meine Augen im Dunkeln und sehe Dunkelheit. Ich schließe meine Augen selbst im Hellen und sehe Dunkelheit. Trotz allem dieselbe Dunkelheit. Fast dieselbe. Licht kommt und geht, doch die Dunkelheit bleibt. Fast immer dieselbe. Eine ziemlich beständige Dunkelheit. Eine, auf die du dich verlassen kannst. Fast.[9]

Fast. Weil selbst die Dunkelheit zu einer Art Licht wird, das keine Dunkelheit ist. „Mein Beobachtungsvermögen war inzwischen schärfer geworden. Ich konnte im Dunkeln sehen. Ich konnte sehr viel weiter im Dunkeln sehen als zuvor."[10]
Selbst die Dunkelheit sieht Lax positiv, dankbar, entzückt.

Meine dunkle Nacht der Seele, wenn es denn eine ist. Meine lange Nacht des Wartens, wenn es denn eine ist. Damals sah ich viel mehr, in diesen Nächten des Schlafens und Nichtschlafens unter Brücken, Schlafens, Nichtschlafens auf Bänken, unter Bäumen, in der Scheune oder auf Kirchenstufen, als ich jetzt sehe. Tut nichts zur Sache. Ich sehe weiter hin.[11]

Hinsehen ist alles für Lax, denn:

Ich sehe nach oben. Ich sehe auf einen Punkt hin, einen schwindenden oder irgendwie noch nicht sichtbaren Punkt in der Entfernung, in der Zukunft, wo irgend etwas oder irgend jemand, den ich erkennen würde, erscheinen könnte. (Wo du erscheinen könntest.) (…)
Meine Person. Meine Geliebte, wenn man so will; mein Gesucht-Seiendes, mein Erinnertes, wäre da.[12]

Was ich in diesem Abschnitt und an Lax' ganzem Werk so liebe, ist, daß es darin kein mechanisches, muskuläres Arbeiten gibt, um ein Ziel, um Gott zu erreichen, sondern ein Schauen, ein Warten, eine Aufnahmebereitschaft im Hinblick auf den anderen. Lax hat keinen selbstgerechten Sinn für seine eigenen

Errungenschaften in Arbeit oder Gebet oder für seine eigene Tugendhaftigkeit. Alles, was er ist und mitbringt, ist „eine Bereitschaft, dich zu erkennen; das ist alles, was ich mitgebracht habe, das ist es, was ich zu der Begegnung mitbringe."[13]

Und selbst dann, selbst wenn er erkennt, weshalb er schweigend wartet und Ausschau hält, bildet er sich nichts auf diese Grundhaltung ein. Vielmehr sagt er:

Ich gab nicht auf, weil ich nicht konnte. Ich tat es nicht, weil ich dafür gemacht war, weiterzuwarten. Gemacht, zusammengesetzt, erfunden, geboren zu diesem einen und einzigen Zweck: Ausschau zu halten, zu warten. Man kann die Sache, für die man gemacht ist, nicht aufgeben. Man kann das, was man ist, nicht aufgeben (...) Ich habe mich zuweilen gefragt, ob ich, wenn du kämest und ich dich sähe und ich wüßte, daß du da wärst, ob ich dann weiterwarten würde.[14]

Als ich *21 Pages* las (und genau darum handelt es sich: 21 Seiten, die er im Dunkeln geschrieben hat), machte ich dieselbe Erfahrung wie bei allen Autoren, die eine Bedeutung für mich haben und die ich immer und immer wieder lese: Ich faßte Vertrauen zu dem Autor. Ich traute seinen Worten, nicht nur denen von *21 Pages*, sondern letztlich all seinen Worten, von *Circus of the Sun*, seinem ersten Buch-Gedicht, bis hin zu seinem letzten minimalistischen Gedichten – Quartetten hätte ich im Gedanken an Beethoven und T.S Eliot beinahe gesagt –, die nur aus zwei oder drei Wörtern bestehen wie seine wunderbare Elegie „A Poem for Thomas Merton":

ein	eine		
zel	zel	eine	ein
ner	ne	wolke	hügel
stern	wolke		

<pre>
              ein   eine
              stern   wolke
ein   ein
zel   zel
ne   ner   ein   ein
wolke stern   hügel   stern

ein   ein
zel   zel
ner   ner
hügel hügel[15]
</pre>

Die unerfüllte Sehnsucht des Dichters Ezra Pound, daß am Ende alles irgendwie zusammenhängen werde, geht bei Lax in Erfüllung – zumindest für mich. Diese Erfüllung besteht in Worten, die wieder zu Namen werden, Worten, die mehr sind als Worte, Worten, die den Gegenstand identifizieren, dem der Dichter gehorsam geworden ist. Bei Lax sind Worte die verbalen Verkörperungen, zu denen die Dinge werden, wenn sie ihr Wort gefunden haben, wenn sie das Wort äußern, das der Dichter hört, ihr einzelnes, unverwechselbares, identitätsbestimmendes Wort wie „Wolke", „Hügel", „Stern".

Zwischen dem Verfasser von *Circus of the Sun* und dem minimalistischen Dichter, der Lax bereits in seinem zweiten Buch 1962 geworden ist – den *New Poems*, die für Lax, den Namengeber, genau das sind, nämlich *neue* Gedichte –, hat eine verbale Verwandlung stattgefunden. In den *New Poems* werden die Worte – wie Lax selbst – auf ihr Wesen heruntergebrochen. Was der Dichter dort tut, erinnert mich an etwas, was Octavio Paz in *Der Bogen und die Leier* geschrieben hat.

Die ursprüngliche Haltung des Menschen gegenüber der Sprache war Zuversicht: Das Zeichen und der bezeichnete Gegenstand waren dasselbe (…) Zu sprechen hieß, den Gegenstand, über den man sprach, neu zu schaffen (…) Dichtung setzt eine Rückkehr in diese ursprünglichen Zeiten voraus (...) eine Rückkehr zu der Identität zwischen Gegenstand und Name.[16]

Diese Zuversicht, dieses Vertrauen in die namengebende, neuschaffende Macht der Worte bildet – ebenso wie das Vertrauen in das Sehvermögen der Worte – auch den Kern von Lax' minimalistischen Gedichten. 1997 sagte er in einem Interview mit *Poets and Writers*:

> Was ich mit meinem Schreiben zu tun versuche ist, Zeugnis – und zwar kein falsches Zeugnis – vom Leben zu geben, wie ich es sehe, wie ich es liebe. Was immer es ist: wenn es mich anzieht, und das tut es meistens, wenn es niemanden oder nichts verletzt, dann schreibe ich es gerne auf.[17]

Wie die Mystiker – und ich glaube, daß er einer von ihnen ist – legte Lax Zeugnis ab von dem, was er sah und liebte, und ist dadurch imstande, das Mysterium, das in den Dingen und Menschen immer schon da ist, aufzudecken, seinen Schleier zu lüften. Der Mystiker entdeckt und sieht das, von dem wir in aller Regel immer nur den Schleier sehen. Und der Mystiker Lax verbringt sein Leben damit, das zu lieben und aufzuzeichnen, was da ist, und indem er dies tut, enthüllt er, was sich hinter dem gewöhnlichen Sehen verbirgt. Er schaut, er wartet, und oft wird etwas enthüllt. Vielleicht ist es keine große Enthüllung, doch eine Art von Enthüllung ist es immer, wie in dem folgenden Gedicht, dessen Titel schon eine Enthüllung dessen ist, was kommt.

Über das Sehen
(Für Peter Walsh)

Wie man
für die künftigen Generationen
die absolute Verrücktheit

einer Vogelspur im Schnee festhält,
ist mehr oder weniger,
wenn ich so kühn sein darf
(und das muß ich),
mein Problem.
Nicht daß diese (Vogelspur)
als ein Zeichen
an sich unerforschlich wäre;
doch daß eine Spur
von solcher Bedeutung
so zufällig hier
am Straßenrand
(wo der, der zu Fuß geht, lesen mag)
hinterlassen worden sein sollte,
ist wenigstens einen oder zwei Schritte
näher am Problem.
Was der Vogel schrieb,
war
an sich
Verwirrung:
Fußabdruck eines Geschöpfs,
das sich fragte, wohin es sich wenden soll.
Doch
wie herrlich
im Schnee
und Sonnenlicht!
Wie fest und zart
zugleich!
Wie denkwürdig,
doch vergänglich,
wie würdig,
von Zeitalter zu Zeitalter
getragen zu werden
(was auch geschehen wird),
dieser Moment,

hier verzeichnet,
von einem geflügelten Ding
an einer Kreuzung.[18]

Als ich fortfuhr, mit Lax' Gedichten zu leben, begriff ich, daß
das Dichten für ihn eine Art ist, das Leben zu singen. Öffent-
lichkeit und Ruhm scheinen ihm völlig gleichgültig. Er will
einfach nur Gedichte machen, die ihm die Freude einer durch
Liebesworte neugeschaffenen Welt schenken. Wie ein Reporter
Gottes bedeckt er Bogen um Bogen mit (entdeckenden!) Worten, Worten, die ihm aus inneren und äußeren Ereignissen erwachsen. Wie er in seinem griechischen Tagebuch schreibt:

ah, er liebt es, zu schreiben, liebt es, das schreiben zu bewerk-
stelligen, liebt es, die dinge zu papier zu bringen (...)
    manchmal kann er kaum sehen, warum, aber manchmal
schon. erfahrung – tägliche, alltägliche erfahrung – zu papier
zu bringen, macht sie zu einem mehr an erfahrung. zerbricht
sie in einzelne stücke und setzt sie wieder zusammen, läßt
ihn wissen, daß er hier ist & was er tut, und bereitet ihn auf
jegliches neue ding vor, das des weges kommen mag. macht
ihn bereit, mit seinen tassen und kategorien jegliches neue
ding aufzufangen, das „vom himmel fällt".[19]

Das, was vom Himmel fällt, sind keine Worte, die den Dingen
von oben aufoktroyiert werden. Was vom Himmel fällt, ist die
Fähigkeit, das Licht zu sehen, das in allem verborgen ist. Lax
besitzt dieses sakramentale Sehvermögen.
    Inzwischen habe ich es mir zur Gewohnheit gemacht, Lax
immer dann zu lesen, wenn die Dinge um mich her ihren Glanz
verlieren oder häßlich und gemein zu sein scheinen. Dann beginnt aus dem Inneren der Dinge ein Licht aufzustrahlen wie
das innere Licht einer Ikone. Dieses Licht ist kein sentimentales,
naiv-optimistisches Fluoreszieren. Das belegt der folgende Ein-
trag aus dem griechischen Tagebuch:

ich sehe eine zerquetschte motte an der wand. muß sie letzte nacht selbst zerquetscht haben. gleich beim reinkommen. gute beschäftigung für figur in gruselfilm. gruselt mich nicht sehr, wenn ich es tue. gruselt die motte. gruselt vielleicht die engel. so etwas zu denken, gruselt mich.[20]

Genau diese Art der Kontemplation ist typisch für Lax. Sein unentwegtes, lebenslanges Betrachten von Dingen und Ereignissen, die er benennt und aus einem Blickwinkel wie dem der Engel sieht, der ihn mit der Wahrheit seiner Enthüllungen, seiner Epiphanien im Joyce'schen Sinne tröstet. Das gemachte Ding, der Dichter im weitesten Sinne, wird selbst zu einem Gegenstand der Kontemplation.

weil, ja – er es liebt, zu „schreiben" – aber zu „tun" – ein bestimmtes ding zu tun – vielleicht auf dem papier (vielleicht auf leinwand – vielleicht in stein – vielleicht, vielleicht in einer musikpartitur) – ein ding, das standhält, ein ding, das wiederholte betrachtung erträgt (aushält): ein ding, das lange betrachtung aushält und das (in ausreichend „tiefer" weise) den betrachter belohnen wird.[21]

So, wie an Lax etwas Sakramentales ist, das mir in normalen Zeiten Halt gibt, so ist da auch das Motiv der Reise, der Suche, die im Kern oft eucharistisch ist wie der Weg der beiden Emmausjünger im Lukasevangelium.

Ob es nun seine Reise mit Mogador und dem Zirkus Cristiani, seine Fahrt mit einem anderen Zirkus nach Pescara oder die Reise nach Marseille und Griechenland ist – immer bildet die Epiphanie eines gemeinsamen Mahls, einer Eucharistie, den Höhepunkt. Lax zelebriert jeden Tag wie eine weitere Reise mit dem Zirkus: dieselben Charaktere, dieselbe Erwartung und Freude an der menschlichen Darbietung, das Zusammenfalten der Zelte beim Aufbruch, das alles überspannende Wissen, daß diese Zirkusreise mit ihren öffnenden und schließenden Zelten ein Mikrokosmos der Liebesschöpfung Gottes ist.

> Liebe bildete eine Kugel:
> alle Dinge waren darin; dann umschloß die Kugel
> Anfänge und Enden, Anfang und Ende. Liebe
> hatte einen Zirkel, dessen wirbelnder Tanz eine
> Kugel der Liebe in die Leere zeichnete.[22]

Das ist es, was ich immer und immer wieder erfahre, wenn ich Lax lese: eine Kugel der Liebe in der Leere meines eigenen Mangels an Sehvermögen. Wenn ich keine Augen mehr habe, um zu sehen oder Anteil zu nehmen, dann lese ich von neuem Absätze wie diesen:

> Hast du meinen Zirkus gesehen?
> Hast du so etwas gekannt?
> Bist du früh am Morgen aufgestanden und hast gesehen, wie die Waggons in die Stadt gezogen wurden?
> Hast du gesehen, wie sie das Feld besetzten?
> Warst du dabei, als er aufgebaut wurde?
> (...)
> Warst du dabei, als die Tiere zum Vorschein kamen,
> Die großen, trampelnden Elefanten, um die Masten zu schleppen
> Und die Planen zu entrollen?[23]

Wenn ich *Port City: The Marseille Diaries* lese (Lax verwendet die französische Schreibung anstelle des englischen „Marseilles"), stelle ich mir den heiligen Franziskus vor, der mit den Aussätzigen in einem neuen Paradies lebt. Die meisten Charaktere in Lax' Hafenwelt von Marseille sind Menschen, denen wir aus dem Weg gehen, die wir durchaus nicht als anziehend oder vielleicht sogar als abstoßend empfinden würden. Doch Lax ist bezaubert von diesen Zirkuscharakteren aus dem richtigen

Leben: von Georges, dem Russen, von Theo, Fernand und Luigi, von Krevkor, dem Dandy, und Raymond, dem Bettler, von den Hafenfrauen, die er im Stil eines Toulouse-Lautrec zeichnet, der fetten Künstlerin Dolly, die das Wesen eines süßen, hoffnungsvollen Kindes hat, von der schielenden Giselle, die ebenfalls süß, aber weniger hoffnungsvoll ist, und von Madame mit ihren pomadigen Locken, ihren Perlenohrringen und ihren Stöckelschuhen, die nachts dasitzt und mit den Mädchen und den Kunden redet.

Lax' Reisen haben auch etwas Pikareskes, das mich an *Huckleberry Finn* erinnert, wie diese reizende Szene aus *Voyage* to Pescara:

Der Hügel überragte die ordentlich bebauten Täler, die frisch und kindlich im Morgendunst dalagen. Das Kloster schien verlassen, doch endlich stieß ich auf zwei junge Mönche. Sie hatten Tonsuren und trugen die braunen Kutten der Kapuziner.
„Sind Sie ein Tourist?" fragten sie mich.
„Nein, ich bin beim Zirkus. Sehen Sie ihn da unten?" Das grüne Zelt im Tal sah groß aus und war eindeutig das lebendigste in der ganzen Landschaft.
„Ist es ein guter Zirkus?"
„Oh ja!"
„Sehr groß?"
„Ziemlich groß, ja."
„Viele Tiere?"
„Ja, Elefanten, Löwen, Tiger, Affen, auch Wölfe."
„Stellen Sie sich vor! Wäre es auch für einen Mönch ein guter Zirkus?"
„Oh ja!"
„Keine vulgären Darbietungen?"
„Oh nein!"
„Keine nackten Frauen?"

„Ich denke nicht. Es ist eine sehr schöne Vorführung."

„Wirklich?"

„Oh ja. Fragen Sie nach mir, und wir werden Ihnen Tickets besorgen."

„Sind Sie sicher?"

„Ja, wir würden uns freuen, wenn Sie kommen."

„Nachmittags oder abends?"

„Wann immer Sie möchten. Sie werden die Tiere sehen. Es ist eine sehr schöne Vorführung."

„Vielleicht kommen wir herunter und sehen uns nur die Menagerie an."

„Gut."

„Gut, dann sehen wir uns später."

„Ja, ich halte Ausschau nach Ihnen."

Als ich den Hügel hinunterging, fühlte ich mich glücklich.[24]

Was machte Lax so glücklich, fragte ich mich, angesichts solcher Tragödien, die in der Welt um ihn her geschahen – wie die Rassenunruhen in Amerika, die Studentenrevolten in Paris und Ungarn, der katastrophale Vietnamkrieg? Ich betrachte mein eigenes Leben und sehe, wie sehr mich das Weltgeschehen, die politischen Vorgänge in meinem eigenen Land, die Heuchelei der Politiker und die Ausgrenzung der Armen aufregen und aus dem Gleichgewicht bringen. Wie konnte Lax, der ganz sicher ähnliches beobachtete, sich einen solchen Frieden und eine solche Freude bewahren?

Aus seinen Gedichten und Tagebüchern geht deutlich hervor, daß diese Freude aus den Entscheidungen erwächst, die er getroffen hat. Stets hat er sich dafür entschieden, seinem eigenen Licht zu folgen: Er wurde katholisch, er war (buchstäblich und im übertragenen Sinn) sein Leben lang mit dem Zirkus unterwegs; er entschied sich, als Eremit inmitten der Welt auf Patmos zu leben; er entschied sich, Gedichte zu schreiben, und verschwendete keinen Gedanken daran, ob sie veröffentlicht würden oder nicht. Die Gedichte waren einfach nur eine tägliche Entscheidung, sein tägliches Ja zu einem lebenspendenden Schaffen, das ihm Freude brachte, weil es ihn in das Wesen der Dinge, die „köstlichste Frische" hineinführte, die „tiefinnerst allen Dingen" lebt, wie Hopkins in „Gottes Herrlichkeit" schreibt. Ja, in der Welt stimmt vieles nicht; ja, Menschen und vor allem Menschen in Führungspositionen treffen Entscheidungen, die die Welt schlechter machen – und doch ist da jene „köstlichste Frische", um es mit Hopkins zu sagen:

Denn brütend hegt der Heilige Geist die hingebeugte
Welt mit warmer Brust und mit ah! lichten Schwingen.[25]

Das ist die Ursache von Lax' Freude, und er wußte es, denn er fuhr fort, Entscheidungen zu treffen, die ihn befähigten, sehenden Auges zu sehen und hörenden Ohrs zu hören. Diese Entscheidungen hatten nichts mit Realitätsflucht, sondern im Gegenteil etwas mit einem tieferen Eindringen in die Realität zu tun, und ihre Frucht war kein vorübergehender Freudentaumel, sondern eine Freude, die ebensolange anhält, wie man sich angesichts des Bösen für das Gute, angesichts des Todes für das Leben und angesichts des Satans und seiner Werke für Gott und alle Werke Gottes entscheidet.

In seinem Ausschauhalten und Warten lebt Lax als echter Mystiker, der er ist, nicht getrennt von den Armen, von der Wahrheit und von der Schlichtheit der ersten Worte der ersten Predigt Jesu: „Selig, die arm sind vor Gott; denn ihnen gehört das Himmelreich" (Matthäus 5,3). Immer heißt er den Fremden willkommen, den Ausgegrenzten, den (materiell oder spirituell) Armen. Selbst auf Patmos, wo er die Nächte und die Vormittage hindurch wartete und schrieb, wartete er an den Nachmittagen aufwartend auf andere, die zu ihm kamen.

In einer früheren Phase seines Lebens wartete und empfing er nicht nur, sondern ging wie der heilige Franziskus zu den Ärmsten der Armen, um unter ihnen zu leben. In Marseille lebte Lax für Monate oder vielleicht sogar Jahre (die Chronologie ist zuweilen etwas verworren) unter den Armen der alten Hafenstadt, ehe er nach Patmos abreiste. Dabei ließ er sich von einer Ikone des heiligen Johannes von Gott inspirieren, die in Marseille über seinem Bett hing. Er wollte in Marseille eine Art Armenhaus wie das *Friendship House* in Harlem gründen, wo er unter der Leitung von Catherine de Hueck Doherty gearbeitet hatte. „Arbeiten" ist vielleicht nicht das richtige Wort für jemanden, der von Natur aus unpraktisch und bezaubernd naiv war und mehrere Tage in einem Marseiller Hotel verbrachte, bis er feststellte, daß es sich um ein Bordell handelte. Seine Freunde im *Friendship Hous*e sagten im Scherz immer, er wisse nicht, an welchem Ende er den Schrubber halten müsse. „Er lebte unter den Armen", das wäre eine zutreffendere Beschreibung für das, was Lax in Marseille tat, oder vielleicht auch: „Er übte Barmherzigkeit an den Armen", dieselben Worte, mit denen der heilige Franziskus seine Zeit bei den Aussätzigen beschrieb.

Vielleicht war Lax einfach ein friedlicher Mensch. Michael McGregor beschreibt eine Ikone, die sich bei den Bildern in Lax' Einsiedelei auf Patmos befand und das versinnbildlicht, was ich in den veröffentlichten Gedichten (viele sind noch nicht veröffentlicht) von *Port City: The Marseille Diaries* gefunden habe.

Über den Bildern hängt eine Art Ikone, eine Darstellung des russischen Heiligen Seraphim. Er hält eine Schriftrolle mit der Aufschrift: „Erwirb den Geist des Friedens, und tausend Seelen werden um dich her gerettet werden." Lax hat diesen Spruch zu seinem Motto – fast zu seinem Mantra – gemacht und es, wann immer es sich gerade anbot, ins Gespräch einfließen lassen.[26]

Genauso war es für Lax in Marseille. Sein Zimmer wurde zu einem Versammlungsort für die, die um diesen friedlichen Mann kreisten, einen Mann, der gekommen war, um bei ihnen zu sein.

luigi
läuft und
holt wein

georges leiht
gläser

ein messer
ein laib brot
eine dose sardinen
für fünf

und manchmal schokolade:
ein riegel für alle[27]

Wie in der Eucharistie ist es – zumindest empfinde ich es so – nicht die spärliche Essensration, sondern das Teilen, worauf es hier ankommt; das Essen, nicht das Fasten; Freude an einfachem, ärmlichem Essen, und nicht die asketische Glut mühsam gezügelter, aufbegehrender Gelüste. Deshalb hat der ruhige, schüchterne Lax sein Leben lang Gleichgesinnte angezogen und um sich geschart. Er hat niemanden evangelisiert oder versucht, die Menschen zu kontrollieren oder zu organisieren. Er hat ganz einfach sein Leben des Friedens gelebt, und andere kamen und sahen und blieben.

Lax scheint das voll und ganz gelebt zu haben, was Merton ihm in einem Brief vom 21. November 1942 schrieb:

Es ist sehr gut und schön, immer nur mit Gott beschäftigt zu sein und einfach in seiner Gegenwart dazusitzen und still zu werden und durch die bloße Tatsache geheilt zu sein, daß Gott gerne in deiner Seele ist, weil du es gerne hast, wenn er da ist. Und indem du dies tust, liebst du auch deinen Nächsten ebensosehr, wie du dies mit jeder eigenen Tat könntest: weil Gott nicht in deiner Seele sein kann, ohne daß dies eine Wirkung auf andere Menschen hat, und nicht unbedingt auf Menschen, die jemals von dir gehört haben.[28]

Obwohl er ein weiser Mann und für viele eine Art Guru war, war Lax, wie Paul Spaeth schreibt, „auch ein Pfiffikus. In seiner Arbeit steckt viel Witz."[29] Nirgendwo zeigt sich das deutlicher als in seiner Korrespondenz mit Thomas Merton, die Merton in Auswahl unter dem Titel *A Catch of Anti-Letters* veröffentlicht hat. Die Briefe sind ernsthaft und verspielt zugleich. Mertons Sekretär Bruder Patrick Hart zufolge sind die Briefe ein Austausch ihrer „Gedanken über die Welt (einschließlich ‚der monastischen Welt'), die katholische Kirche und die Gesellschaft überhaupt und müssen auch so gelesen werden. Sie warfen Grammatik, Syntax und Rechtschreibung über Bord und schrieben leichthin – aber klug – als zwei überaus freie Männer."[30]

Hier ist ein Beispiel für diese Art von Geplänkel, wie es zwischen Lax und Merton üblich war, einschließlich der Namen, die sie füreinander hatten und die sich mit jedem Brief zu ändern scheinen. Lax schreibt an Merton, der kürzlich im Krankenhaus gewesen ist.

Kalymnos, 11 Aug 65
Bien cher Feuerbach,
ich werde mit kummer belohnt, wenn ich sehe, daß du zur gleichen zeit, als ich bei den schießereien in athen war, im krankenhaus von der wissenschaft mit vollkommen unschädlichen lebensmitteln zwangsernährt worden bist, ich muß immer noch lachen, wenn ich mir vorstelle, wie du vor lauter co'cola & milky ways durch die halle taumelst & jetzt in deiner patsche von tabletts schleudernden minderjährigen heimgesucht wirst (...)
der wirrwarr in deinem bauch kommt, wie du sehr richtig vermutet hast, davon, daß du soviel denkst & im falschen land lebst. Ich habe das jedesmal gehabt, wenn ich meinen fuß auf das eiland new york gesetzt habe. so etwas endet oft im kran-

kenhaus, mit dem klickediklack den flur entlang & der flatt-
rigen erscheinung deiner freunde im aufwachraum.

es ist gut, daß sie dich nur mit püree füttern, du mußt dem
püree & milky ways gehorchen, das eine schlucken und das
andere nicht vernachlässigen. & du mußt würdevoll sein, wie
ein würdiger 50jähriger schriftsteller, zu den kleinen zitternden mädchen, & es wird dir nicht leidtun, sehr kleine mädchen, um die 8 & 10, stehen vor der tür & rufen den ganzen
tag meinen namen, noch laden sie mich nicht zu ihren partys
ein, aber ich weiß, daß sie es tun werden (...)
schreib mir, ob du noch im krankenh. bist oder schon wieder
draußen. schreib mir auch über die verrutschte bandscheibe.
ist das ok? ist es besser? ist sie wieder an ihren platz gerutscht?
50 Jahre ist nicht sehr alt für einen schriftsteller, du mußt
soviel wie möglich auf dem kopf stehen & auf dich aufpassen.
dein
Kardinal Mundelein[31]

Manche ihrer Briefe sind in ihrer Sprache und ihren Anspielungen so privat, daß sie nahezu unverständlich sind wie die
Geheimsprache zweier Kobolde, die sich einen Spaß machen.
Sie hatten Geheimcodes und belegten einander mit ständig
wechselnden Spitznamen. Einer von Lax' Namen ist Jack, wie
hier in einem seiner Spaßgedichte:

was
zur
hölle
ist
das

jack

nur fuß
noten

&
kein
ge
dicht
? [32]

Sein kleines Buch *Moments* ist voll von humorvollen Kurztexten wie diesen:

42
du erzählst ihnen, goldfisch,
daß du viel
herumgekommen bist

44
in einem anderen leben,
sagte die katze,
werde ich ein mensch sein,
ich werde das geschirr spülen,
die böden schrubben,
katzenfutter kaufen,
all die kleinen dinge tun

62
man merkte an der art,
wie er mit fido sprach, daß er versuchte,
seinen inneren schweinehund zu überwinden[33]

Ich erwähne diese Seite von Lax zum einen, weil ich deutlich machen will, daß er kein frommer Musterknabe oder ein Ausbund an Weisheit war, und zum anderen, um zu zeigen, weshalb er auf andere so anziehend gewirkt hat: auf seine Freunde und auf die vielen Menschen wie mich, die zu ihm kamen, um Weisheit zu suchen, und die eine Menge Lachen und Freude fanden und schließlich begriffen, daß genau das seine Weisheit war. Humor ist der Zirkusclown in Lax, der Mann, der im Zirkus der Wirklichkeit ein Clownsgesicht aufsetzt und ständig lacht über das, was ihm dort geboten wird – ein Spaßmacher wie der heilige Franziskus, der in Unterwäsche predigte oder zwei Stöcke nahm und sie spielte wie eine Violine. Wie viele der Propheten vor ihm kann Lax über die Unstimmigkeiten des Lebens, aber vor allem über sich selber lachen.

Was läßt sich über Lax' minimalistische Gedichte sagen – zuweilen nur zwei oder drei Wörter, die Spalte um Spalte ständig wiederholt werden? Die beiden folgenden Zitate von Octavio Paz geben uns einen Hinweis darauf, was das Besondere an Lax war:

Die Menschheitsgeschichte läßt sich auf die Geschichte der Beziehungen zwischen den Wörtern und dem Gedanken reduzieren. Jede Krise beginnt oder fällt zeitlich zusammen mit einer Kritik an der Sprache. Plötzlich geht der Glaube an die Wirksamkeit des Wortes verloren: „Ich hielt Schönheit auf meinen Knien, und sie war bitter", sagt der Dichter. Schönheit oder das Wort? Beide: ohne Wörter ist Schönheit nicht faßbar. Ding und Wort bluten aus derselben Wunde.[34]

Und:

Wir wissen nicht, wo das Böse beginnt, in den Wörtern oder in den Dingen, doch wenn die Wörter schadhaft sind und die Bedeutungen unsicher werden, dann ist auch der Sinn unserer Taten und Werke unsicher.[35]

Lax' Minimalismus, von *Circus of the Sun* bis hin zum schlichten Benennen der Dinge, wie sie die Anziehungskraft der Liebe zeichnet, ist ein Heilen der Wunde zwischen Wörtern und Taten, Wörtern und Gegenständen. Er schaut und sieht und gehorcht der Wahrheit, die das andere spricht. Das andere ist wunderbarer als das, was ich subjektiv auf den Gegenstand pro-

jiziere, ist wunderbarer als meine Wahrnehmung. Nur eine asketische und ästhetische Selbstlosigkeit kann zulassen, daß das
andere sich in seiner einzigartigen Wesenhaftigkeit offenbart,
ob dieses andere nun der Schöpfergott oder sein Geschöpf ist.
Lax gibt dem anderen Zeit, zu sagen, was es zu sagen hat:

ein stein
ein stein
ein stein

ich hebe auf
einen stein
einen stein

ich hebe auf
einen stein
und bin
in gedanken

ich bin
in gedanken
als ich
einen stein
aufhebe

einen stein
einen stein
einen stein

ich hebe auf
einen stein
einen stein

ich hebe auf
einen stein

.

und bin
in gedanken

ich bin
in gedanken
als ich
einen stein
aufhebe

ich bin
in gedanken
als ich
einen stein
einen stein
aufhebe

ich bin
in gedanken
als ich
einen stein
aufhebe

einen stein
einen stein
einen stein

ich hebe auf
einen stein
einen stein

ich hebe auf
einen stein
und bin
in gedanken

ich bin
in gedanken
als ich
einen stein
aufhebe:

einen stein
einen stein
einen stein

einen stein
einen stein
einen stein

einen stein
einen stein

ein stein
ein stein

ein stein
ein stein
ein stein[36]

Auf den ersten Blick mag die Einfachheit eines solchen minimalistischen Gedichts abschreckend wirken, doch schon als ich
es abtippte, fühlte ich seine mantrische Kraft, die sogar noch
deutlicher wird, wenn man es laut liest. Und wenn man Lax
selbst seine minimalistischen Gedichte lesen hört, spürt man
sein absolutes Vertrauen in das Wort, wenn es denn das richtige Wort ist, das wesenhafte Wort. In Nicholas Humberts und
Werner Penzels Videodokumentation *Why Should I Want a
Bed When All I Want Is Sleep?* (Cine Nomad, München 1999)
führt Lax die Kamera in seine Einsiedelei und durchbricht
das Schweigen intervallweise mit einfachen Worten wie „ein

Stuhl", „ein Tisch", „ein Bett". Zunächst war ich irritiert. Doch dann geschah etwas. Ich begann jeden Gegenstand, den Lax benannte, in seinem Schweigen und in dem einen Wort, das ist, was es ist, wahrzunehmen.

Nachdem ich den Film gesehen hatte und vom Kloster in die Lax-Archive ging, fing ich an, zu mir selbst Wörter zu sagen wie „ein Baum", „eine Straße", „ein Parkplatz" usw., und mir war, als sähe ich diese Dinge zum ersten Mal, weil ich ihren Namen aussprach und sie mit dem Wort sah, das sie waren. Was zuvor nur ein Wirrwarr aus lebenden oder toten Dingen gewesen war, an denen man vorbeiging, um irgendwohin zu gelangen, erhielt plötzlich für sich genommen eine eigene Bedeutung.

Es war wie die Rückkehr ins Paradies, wo der Dichter die Dinge für mich benannt hatte, und ich griff auf, was ich ihn im Film hatte tun sehen. Ich dachte an Lax' eigene Worte, die in seinen schlichten Grabstein eingemeißelt sind. Sein Grab befindet sich unweit der Begräbnisstätte des Klosters auf dem Hügel oberhalb der *St. Bonaventure University*. Lax' Leben und Werk sind hier in ganz schlichten Worten zusammengefaßt. Sie zeigen uns, wie Gehorsam, Unterwerfung unter die Wahrheit des anderen, diesen modernen Adam ins Paradies zurückgeführt hat (und auch uns dorthin zurückführen wird), wo die Wörter und das gelebte Leben eins sind:

kehr
ur
wald

zu
gar
ten

oh
ne

nur

ein

ne

blu

me

zu

zer

stö

ren[37]

Und dort finde ich Ruhe: in diesen Worten, dieser Stimme, dieser Aufgabe, die fast unmöglich scheint. Fast. Denn Heilige wie Franz von Assisi haben sich an ihr versucht und sind tatsächlich in ein paradoxes Paradies zurückgekehrt, wo sie unter Aussätzigen lebten, mit Tieren sprachen und eins waren mit der ganzen Schöpfung.

Lax' Worte lösen etwas aus – vielleicht wie die Worte, die mir als Kind halfen, mich weniger allein und weniger ängstlich zu fühlen. Vielleicht. Denn obwohl ich das letzte Jahr mit drei weiteren Buchmeilensteinen – Robert Lax' *Circus Days and Nights, Love Had a Compass* und *33 Poems* – gekennzeichnet habe und darin eine neue Stimme, eine reine Stimme höre, ein Gegenmittel zu den Stimmen der Meinungsmache und Propaganda, die den Wörtern und Stimmen, zu denen ich Vertrauen gefaßt habe, Gewalt antun, ist mir trotzdem bewußt, daß das erste Wort auf Lax' Grabstein das härteste von allen ist: „kehr". Allein dieses Wort zu hören, löst schon etwas aus: kehr, kehr um, kehr zurück. Kehr heim.

Betrachtung

Ich bin für dich da. Ich habe sonst niemanden
für den ich da bin und keinen anderen Grund
hierzusein. Ich bin hier zu deiner Verfügung. Deiner
Disposition. Ich habe keinen Wunsch außer zu
tun was du mich tun läßt. Ich habe von anderen
Wünschen gehört. Ich habe von keinem gehört
der mir soviel bedeutet wie dieser. Habe von
keinem gehört der mir soviel bedeuten würde
wie zu wissen daß ich getan habe was du von mir wolltest.
Oder auch nicht zu wissen daß ich es
getan habe. Es einfach zu tun.

Warum wünsche ich mir so sehr zu tun was du
von mir willst? Nur weil ich denke daß ich zu diesem
Zweck geschaffen bin. Zu hören & zu tun.
Klar genug bei Verstand zu sein um zu hören
& dann zu tun was ich höre daß ich es tun soll. Woher
weiß ich daß die Stimme die ich höre
deine ist? Wie kann ich wissen daß das was
ich tun soll etwas Gutes ist?

Ich weiß es weil es etwas gibt das ich
über dich weiß. Ich weiß daß du mich liebst.
Ich weiß daß die Dinge die du mich tun heißt
aus Liebe sind. Du heißt mich nicht töten.
Du heißt mich nicht sterben. Du heißt mich
lieben. Du heißt mich die Dinge tun die Liebe
tut. Du zeigst mir den Weg.[38]

Nachwort

Damals sagte Salomo:
Der Herr hat die Sonne an den Himmel gesetzt; er selbst
wollte im Dunkel wohnen. (1 Könige 8,13)

Die katholische Kirche verfügt nicht nur über einen reichen Bestand an tradierten Formulierungen über das Wesen Gottes, die auf den Konzilien herausgearbeitet und von den Theologen jahrhundertelang diskutiert worden sind. Sie verfügt auch über eine jahrhundertealte spirituelle Praxis, einen disziplinierten Weg zu Gott. Theologie und Praxis sind im Katholizismus nicht voneinander getrennt. Sie ergänzen einander genauso wie die dogmatische und die mystische Theologie; sie leiten sich voneinander ab. Wie die Apostel lehren, gibt es keinen Glauben ohne Werke und keine Werke ohne Glauben (vgl. Jakobus 2,14.17).

Innerhalb dieses Rahmens und dieser Lehre bewegen sich die Mystiker, jene Personen, die mit einer besonderen Gottesnähe beschenkt und von Gott auf einen Weg geführt worden sind, der trotz seiner scheinbaren Dunkelheit von dem blendend hellen Licht des Einen erfüllt ist.

Diese Wahrheit ist in dem folgenden Abschnitt aus der *Wolke des Nichtwissens* wunderbar beschrieben, einem geistlichen Leitfaden für die Suche nach Gott, den ein anonymer englischer Priester des Mittelalters für einen 24jährigen Schüler verfaßt hat.

Richte dein Herz voll Vertrauen und Liebe auf Gott. Verlange nur nach ihm und nach keiner seiner Eigenschaften (…) Am Anfang deiner Übungspraxis empfindest du nichts als Dunkelheit, so etwas wie eine „Wolke des Nichtwissens", wie eine Wolke, in der nichts zu erkennen ist. Du weißt nicht, was dies ist. In deinem Willen jedoch lebt eine reine Ausrichtung auf Gott, nichts anderes. Du magst dich noch so mühen, es gibt eine Dunkelheit und eine Wolke zwischen dir und deinem Gott. Dunkelheit und Wolke lassen nicht zu, ihn mit dem

Licht deines Erkennens deutlich zu erfassen noch ihn im Herzen selig zu spüren. Entschließe dich deshalb, in dieser Dunkelheit solange wie möglich zu verweilen und unaufhörlich ihn zu rufen, den du liebst. Wenn du hoffst, Gott in diesem Leben schauen und erfahren zu können, wie er ist, so kann dies doch immer nur in jener Wolke und Dunkelheit geschehen.[1]

Doch wer selbst in dieser Wolke des Nichtwissens in seiner Sehnsucht nach Gott beharrt, wird letztlich die Berührung Gottes erfahren: ein unmißverständliches Bewußtsein von der Gegenwart des zugleich nahen und transzendenten Gottes. Er wird Gottes Liebe erfahren, und die Botschaft scheint in der gesamten mystischen Literatur stets dieselbe zu sein. Es ist die Botschaft Jesu: „Du sollst den Herrn, deinen Gott, lieben mit ganzem Herzen, mit ganzer Seele und mit all deinen Gedanken." Und: „Du sollst deinen Nächsten lieben wie dich selbst" (Matthäus 22,37.39).

Als Gott in Jesus offenbar wurde, wurde Gott in der Wolke seiner Menschennatur offenbar: in Jesus von Nazareth, der sich selbst bei seiner Taufe, bei der Verklärung, in Brot und Wein beim Letzten Abendmahl und nach seiner Auferstehung in seinem verherrlichten Leib als Sohn Gottes offenbarte. All diese Offenbarungen wurden jenen zuteil, die in der dunklen Wolke der Alltagsmenschheit Jesu verharrten, des „Fremden", der auf dem Weg nach Emmaus neben den Jüngern herging und sich im Brotbrechen selbst offenbarte, als sie ihn einluden, bei ihnen zu bleiben.

Die außerordentliche mystische Erfahrung steht zwar jedem offen, scheint aber doch nur wenigen stellvertretend für viele gegeben. Und wie der Glaube ist das mystische Leben reines Gottesgeschenk. Nichts, was wir tun, kann uns den Glauben oder dieses mystische „Sehen" Gottes in der Wolke des Nichtwissens verdienen. Vielleicht ist dieses Sehen in der Wolke des Nichtwissens letztlich der Glaube. Vielleicht besteht das mystische Leben darin, die Berührungen Gottes wahrzunehmen, den man nur in der Wolke des Nichtwissens erkennt.

Andererseits jedoch sind da jene außerordentlich begnadeten Seelen, deren Gottesbewußtsein mehr ist als Glaube, Seelen wie Petrus, Jakobus und Johannes, die den verklärten Jesus in der Wolke am Berg Tabor wirklich gesehen und die Stimme gehört haben: „Das ist mein geliebter Sohn, an dem ich Gefallen gefunden habe; auf ihn sollt ihr hören" (Matthäus 17,5).
Der Verfasser der *Wolke des Nichtwissens* formuliert einen interessanten und faszinierenden Gedanken. Er schreibt:

Gott macht sich unserer Seele gleichförmig (...) Kraft dieser umformenden Gnade werden wir fähig, Gott in Liebe ganz zu fassen, der doch für alle erschaffenen Erkenntniskräfte, nämlich Engel und Mensch, unfaßlich ist. (Ich meine unfaßlich für ihre Erkenntnis, nicht aber für ihre Liebe. Deshalb nenne ich diese hier Erkenntniskraft.)[2]

Aber sind wir nicht in unserer Liebe ebenso erschaffen wie in unserer Erkenntnis? Natürlich – doch wir sind auch nach Gottes Bild und ihm ähnlich geschaffen, denn „Gott", so der heilige Johannes, „ist Liebe" (1 Johannes 4,16). Wenn wir also durch Gottes Gnade Geschöpfe sind, die nach dem Bild der Liebe erschaffen wurden, können wir Liebe mit Liebe erwidern und Gott erkennen, indem wir ihn lieben, statt ihn mit unserem Intellekt zu begreifen, „denn wer hat die Gedanken des Herrn erkannt?" (Römer 11,34).
Überdies ist Gott selbst Mensch geworden, um uns zu zeigen, wie wir in der Liebe gottähnlich werden können. Liebe hat uns erlöst, Liebe hat uns in Jesus den Weg gewiesen, der, als er als Mensch am Kreuz starb, nicht erkannte, was der Vater im Sinn hatte, und aufschrie: „Mein Gott, mein Gott, warum hast du mich verlassen?" (Matthäus 27,46). Dann aber „erkannte" er den Vater in der Liebe und rief: „Vater, in deine Hände lege ich meinen Geist" (Lukas 23,46), und schon im Garten Gethsemane

hatte er die Worte gesprochen: „Mein Vater, wenn es möglich ist, gehe dieser Kelch an mir vorüber. Aber nicht wie ich will, sondern wie du willst" (Matthäus 26,39). Wie der Vater den Sohn der Menschheit übergibt, übergibt der Sohn dem Vater seine eigene Menschheit, und beide sind Liebe. Liebe läßt Jesus vom Grab auferstehen und zurückkehren an seinen Platz zur Rechten des Vaters. Und dieselbe Liebe wird auch uns zu den himmlischen Dingen emporheben und uns, wenn Gott will, schon in diesem Leben öffnen und bereitmachen für die Berührungen der Heimsuchungen Gottes.

Liebe also erkennt Gott, indem sich der eigene Wille dem Willen Gottes ergibt. Mit jener Art von Liebe beginnt die Menschwerdung Gottes, als die Jungfrau Maria sagt: „Ich bin die Magd des Herrn; mir geschehe nach deinem Wort" (Lukas 1,38). Das ist eine interessante Variante. Nicht „nach deinem Willen", sondern „nach deinem Wort", denn das Wort selbst, die zweite Person der Allerheiligsten Dreifaltigkeit, will in Marias Schoß Wohnung nehmen. Gottes Wort ist Gottes Wille. Sie wird das fleischgewordene Wort gebären. Das Wort, das alles geschaffen hat und durch Maria alles neu schaffen wird.

Das Wort ist der Ausdruck des Gotteswillens. In Jesus ist dieses Wort großgeschrieben, damit wir erkennen, welche Art von Liebe es ist, die Gott erkennt und von den Toten auferstehen wird, um für alle Ewigkeit mit Gott und in Gott zu leben. Um es in der schlichten Formulierung der *Wolke des Nichtwissens* zu sagen: „Wer durch Gnade umgewandelt ist und dadurch seine Willensimpulse, ohne die er natürlicherweise nicht leben kann, ständig achtsam auf ihn ausrichtet, wird schon in diesem Leben etwas von der ewigen Freude verspüren und im kommenden Leben volle Sättigung in Seligkeit erleben."[3]

Was der Verfasser der *Wolke des Nichtwissens* schreibt, muß natürlich im Kontext der Lehre und Tradition der Kirche gesehen werden. Die Kirche lehrt, daß wir mit unserem Intellekt die Existenz Gottes erkennen können, und Philosophen und Theologen wie Thomas von Aquin, Johannes Duns Scotus und andere haben brillante Beweise für die Existenz Gottes ins Feld geführt. Doch die Wolke des Nichtwissens spricht nicht von der Erkenntnis, daß Gott existiert; sie spricht von einer persönlichen Erkenntnis Gottes als Gott, und diese Art von Erkenntnis ist eine Wolke zwischen mir und Gott. Nur die Liebe vermag Gott persönlich zu erkennen. Obwohl Gott sich bestimmten Seelen auf eine außergewöhnlich persönliche Weise offenbaren kann und dies auch tut, wird der einzelne den göttlichen Liebenden niemals begreifen, sondern kann eine so große Liebe nur in Liebe erwidern und kraft der Liebe erkennen.

Die Mystiker lehren uns, daß jemandem, der Gott zu erkennen und zu lieben versucht, früher oder später bewußt wird, daß Gott nicht erkannt, aber trotz dieser letztendlichen Unerkennbarkeit innig geliebt werden kann. Mit diesem Bewußtsein geht auch die Einsicht einher, daß die ganze Sehnsucht, Gott zu erkennen und zu lieben, die man selbst empfunden hat, von Anfang an Gottes Werk gewesen ist und, was immer man auch versucht, zwei Dinge gewiß sind: erstens können wir Gott, der uns schon gefunden hat, nicht finden, indem wir vor uns selbst, unseren eigenen ungelösten Problemen und Ängsten weglaufen; und zweitens wird alles, was wir aufgeben, um Gottes Liebe zu erwidern, letztlich erlöst, verwandelt und uns auf ganz neue und nicht besitzergreifende Weise zurückgegeben werden.

Es ist, als wären wir erleuchtet und geläutert in den Paradiesgarten zurückgekehrt und könnten erneut mit Gott in jenem irdischen Paradies umherwandeln, das Gott von Anfang an für uns vorgesehen hatte.

In diesem neuen Leben in Gott mag Gott zwar die meiste Zeit fern, entfernt wirken, doch genau dann, wenn man glaubt, das ganze Unterfangen sei ein Irrtum gewesen, wird man von Gott angerührt und fühlt wieder die Gegenwart des unerkennbaren Gottes, der nie fort gewesen ist.

Die Form und Dynamik dieser Reise in das Einssein mit Gott ist im Lauf der Jahrhunderte immer wieder besprochen und beschrieben worden. Die Einzelheiten sind bei jedem anders.

Gott gibt; wir empfangen und erwidern. Gott entfernt Gottes greifbare Gegenwart, und wir fühlen uns verlassen, ungeliebt, geängstigt von der unsäglichen Leere eines Lebens ohne Gott. Gott bleibt entfernt, fern, so lange es nötig ist, damit wir mit Gewißheit wissen, daß die Leere, die wir in Gottes Abwesenheit fühlen, beweist, daß Gott ist. Außerdem kann nur Gott uns wissen lassen, daß Gott zurückgekehrt ist. Wir können es uns nicht verdienen oder Gottes Hand zwingen, doch Gott wird in subtilen und unzweifelhaften Zeichen wiederkehren, die bestätigen, daß Gott immer da gewesen ist und daß er unsere einzig wahre Liebe ist und immer sein wird.

Die Mystiker, die auf diesen Seiten vorgestellt worden sind, haben ihre eigenen Erfahrungen mit dieser mystischen, mysteriösen Liebe niedergeschrieben, die Gott ist: der Schöpfer, Erlöser und Heiliger jedes einzelnen Geschöpfs. Liebe ist der Weg, Liebe ist das Ziel, denn Gott ist Liebe. Wir erkennen und erfahren Gottes Liebe; nie aber erkennen wir Gott. Gott veranlaßt uns dazu, Gott um Gottes willen zu lieben und nicht um der Dinge willen – und dazu gehört auch die Gotteserkenntnis –, die wir uns vielleicht von ihm erhoffen. Wir lieben und leben in inniger Nähe zu Gott in einer „Wolke des Nichtwissens".

Natürlich ist etwas über Gott geoffenbart worden: etwas in der Schrift, alles in Jesus Christus, doch diese Offenbarung ist etwas, auf das wir vertrauen und das wir gläubig annehmen. Es ist nicht die Erkenntnis Gottes als Gott. Nur Gott kann Gott erkennen. Was wir erkennen können, das sind die liebevollen Berührungen Gottes in unserem Leben. Sie können wir erwidern, indem wir Gott und alles, was Gott geschaffen hat, lieben. Und genau darin besteht letztlich das mystische Leben.

203

Anmerkungen

Einleitung

1 Leonhard Lehmann (Hg.), *Das Testament eines Armen: die Schriften des Franz von Assisi*, Werl 1999, S. 53.

Kapitel Eins: Maria

1 William Barclay, *Lukasevangelium*, 2. Aufl., Wuppertal 1974, S. 25 f.

2 Die deutsche Ausgabe verwendet den revidierten Text von 1964 nach der Übersetzung von Martin Luther.

3 Abdruck erfolgt mit Genehmigung der Autorin.

Kapitel Zwei: Franz von Assisi

1 Thomas von Celano, *Zweite Lebensbeschreibung des heiligen Franziskus*, VI, 10 (Übersetzung des Autors).

2 Franz von Assisi, *Testament*, zitiert in der Übersetzung des Autors nach: Murray Bodo, *Through the Year with Francis of Assisi*, Cincinnati (Saint Anthony Messenger Press) 1993, S. 82.

3 Vgl. Regis J. Armstrong OFM et al. (Hgg.), *Francis of Assisi, Early Documents*, Bd. II, *The Founder*, New York (New City) 2000, S. 542.

4 Franz von Assisi, *Brief an die Gläubigen*, erste Version (Übersetzung des Autors).

5 Hl. Bonaventura, *Legenda maior Sancti Francisci*, III, 3 (Paraphrasierung des Autors).

6 Hl. Bonaventura, *Legenda maior Sancti Francisci*, III, 1 (Paraphrasierung des Autors).

7 Bonaventura, *Franziskus, Engel des sechsten Siegels. Sein Leben nach den Schriften des heiligen Bonaventura*, übers. von Sophronius Clasen (Franziskanische Quellenschriften 7), Werl 1962, S. 367 f.

8 Übersetzung des Autors.

9 Übersetzung des Autors.

10 Übersetzung des Autors.

11 Murray Bodo, a. a. O., S. 60.

Kapitel Drei: Juliana von Norwich

1 Jonathan Edwards, „Personal Narrative", in: George S. Claghorn (Hg.), *Letters and Personal Writings*, New Haven/Conn. (Yale University Press) 1998, S. 801.

2 Juliana von Norwich, *Offenbarungen der göttlichen Liebe*, übers. von G. Gerlach, hg. von Otto Karrer, Paderborn 1927, S. 83 u. 87.

3 Ebd., S. 66.

4 Ebd., S. 67.

5 Ebd., S. 69

6 Ebd., S. 27

7 Ebd., S. 35.

8 Ebd., S. 40. Im weiteren Verlauf folgt die Übersetzung dieses Abschnitts der englischen Ausgabe von Clifton Wolters, *Julian of Norwich: Revelations of Divine Love*, New York (Penguin) 1966, S. 71 f.

9 Juliana von Norwich, a. a. O., S. 45.

10 Ebd., S. 49.

11 Ebd., S. 49.

12 Wolters, a. a. O., S. 23.

13 Juliana von Norwich, a. a. O., S. 38.

14 Von einem Zettel für Gebetsanliegen in Julianas Zelle bei der Kirche St. Julian in Norwich.

15 Juliana von Norwich, a. a. O., S. 39.

16 Ebd., S. 111 f..

Kapitel Vier: Jacopone da Todi

1 Die Auswahl der Gedichte und einige der mystischen Einblicke in diesem Kapitel stammen aus: Alvaro Cacciotti OFM, „The Cross: Where, According to Jacopone da Todi, God and Humanity are Defined", in: *Greyfriars Review*, Bd. 9, Nr. 2 (1995), S. 193–221.

2 Serge und Elisabeth Hughes, *Jacopone da Todi: The Lauds*, New York (Paulist) 1982, Lauda 85, S. 243 f.

3 Jacopone da Todi, *Die Lauden*. Italienisch mit deutscher Übertragung von Hertha Federmann, Köln 1967, S. 35 (Lauda 68).

4 Hughes, a. a. O., Lauda 67, S. 207.

5   Ebd., Lauda 40, S. 140.

6   Ebd., Lauda 40, S. 141.

7   Ebd., Lauda 65, S. 199.

8   Ebd., Lauda 42, S. 144 f.

9   Ebd., Lauda 65, S. 196.

10 Ebd., Lauda 65, S. 200 f.

11 Ebd., Lauda 42, S. 146.

12 George T. Peck, *The Fool of God: Jacopone da Todi*, Tuscaloosa/Ala. (University of Alabama Press) 1980, S. 36 f.

13 Zitiert nach Peck, a. a. O., S. 69.

14 Jacopone da Todi, *Die Lauden*, a. a. O., S. 121 ff.

15 Ebd., S. 123.

Kapitel Fünf: Katharina von Siena

1   Barbara Tuchman, *Der ferne Spiegel*, 13. Aufl., München 1995.

2   Sigrid Undset, *Katharina Benincasa*, Bonn 1953, S. 298.

3   Caterina von Siena, *Gespräch von Gottes Vorsehung*, übertr. von Ellen Sommer-von Seckendorff und Cornelia Capol, 4. Aufl., Einsiedeln 1993, S. 16 f.

Kapitel Sechs

1   *Des Heiligen Johannes vom Kreuz Geistlicher Gesang*, übers. von P. Aloysius ab Immac. Conceptione aus dem Orden der unbeschuhten Karmeliten (Des heiligen Johannes vom Kreuz sämtliche Werke in fünf Bänden, Bd. 4), 3. Aufl., München 1957, S. 7.

2   Ebd., S. 9

3   Ebd., S. 11.

4   Ebd.

5   Ebd., S. 15

6   Ebd., S. 21.

7   Ebd.

8   *Des Heiligen Johannes vom Kreuz Dunkle Nacht*, übers. von P. Aloysius ab Immac. Conceptione aus dem Orden der unbeschuhten

Karmeliten (Des heiligen Johannes vom Kreuz sämtliche Werke in fünf Bänden, Bd. 2), 3. Aufl., München 1956, S. 77 f.

Kapitel Sieben: Thérèse von Lisieux

1 Thérèse von Lisieux, Brief 91, zitiert nach Carol Lee Flinders, *Enduring Grace: Living Portraits of Seven Women Mystics*, New York (Harper San Francisco) 1993, S. 217.

2 Ida Friederike Görres, *Das verborgene Antlitz*, 6. Aufl., Freiburg 1949, S. 53 f.

3 Theresia vom Kinde Jesu, *Geschichte einer Seele*, übertr. von Adrienne von Speyr, Einsiedeln 1947, S. 72 f.

4 Ebd., S. 79.

5 Ebd., S. 105.

6 Ebd., S. 113 f.

7 Ebd., S. 168 f., 171.

8 Ebd., S. 79 f.

9 Ebd., S. 150 f.

10 Görres, a. a. O., S. 524 (aus dem Weiheakt an die Göttliche Barmherzigkeit).

Kapitel Acht: Gerard Manley Hopkins

1 Gerard Manley Hopkins, *Gedichte, Schriften, Briefe*, München 1954, S. 55.

2 Ebd., S. 151.

3 Peter Waterhouse übersetzt in seiner Ausgabe des *Journal* (Salzburg 1994) *Inscape* mit „Inbild" und *Instress* mit „Inwucht".

4 Gerard Manley Hopkins, a. a. O., S. 31.

5 Von einem Gebetszettel in St. Mary's, Oxford.

6 Gerard Manley Hopkins, a. a. O., S. 121 (Aus dem Sonett „Wie Eisvögel Feuer fangen").

7 Ebd., S. 145.

8 Ebd.

9 Ebd.

10 *Parisiensa* III, VII, 4.

11 Christopher Devlin SJ (Hg.), *The Sermons and Devotional Writings of Gerard Manley Hopkins*, London (Oxford University Press) 1959, S. 14.

12 Gerard Manley Hopkins, a. a. O., S. 33.

13 Ebd., S. 121.

14 W. H. Gardner, *Gerard Manley Hopkins, Poems and Prose*, New York (Penguin) 1963, S. 154.

15 Gerard Manley Hopkins, a. a. O., S. 65.

16 Ebd., S. 458.

Kapitel Neun: Simone Weil

1 Simone Weil, *Das Unglück und die Gottesliebe*, München 1953, S. 133 f.

2 Ebd., S. 49.

3 Ebd., S. 48.

4 Siân Miles (Hg.), *Simone Weil: An Anthology*, New York (Weidenfeld and Nicolson) 1986, S. 18.

5 Simone Weil, a. a. O., S. 49.

6 Ebd., S. 50.

7 Übertragung nach G. Stachel, „Simone Weil – Christus – die katholische Kirche", in: *Religionspädagogische Beiträge* 37/ 1996, S. 78 f.

8 Simone Weil, a. a. O., S. 54 f.

9 Ebd., S. 60.

10 Ebd., S. 30 f.

11 Zitiert nach dem Vorwort der englischen Ausgabe von *Das Unglück und die Gottesliebe:* Simone Weil, *Waiting for God*, New York (HarperCollins) 2001, S. XV.

12 Francine du Plessix Gray, *Simone Weil*, New York (Penguin) 2001, S. 9.

13 Der Überblick über Simone Weils Leben lehnt sich in groben Zügen an die Darstellung von Kate Daniels an: *Four Testimonies: Poems*, Baton Rouge/La. (Louisiana State University) 1998.

Kapitel Zehn

1 Robert Lax, *Peacemaker's Handbook,* hg. von Judith Emery und Michael Daugherty, Zürich 2001, S. 6, 8.

2 Thomas Merton, *Der Berg der sieben Stufen,* Bonn 1952, S. 250.

3 Mark van Doren, *The Autobiography of Mark van Doren,* New York (Harcourt, Brace) 1958, S. 212.

4 Paul Spaeth, „Introduction" zu Robert Lax, *Circus Days and Nights,* New York (Overlook) 2000, S. 14.

5 Ebd., S. 15.

6 Robert Lax, „Circus of the Sun", in: *Circus Days and Nights,* hg. von Paul Spaeth, a. a. O., S. 26.

7 Leonhard Lehmann (wie Anm. Einleitung/1), S. 44.

8 Robert Lax, *21 Pages* aus *33 Poems,* hg. von Thomas Kellein, New York (New York Directions) 1988, S. 188.

9 Ebd., S. 191.

10 Ebd., S. 194.

11 Ebd.

12 Ebd., S. 197.

13 Ebd.

14 Ebd., S. 198f.

15 Robert Lax, „A Poem for Thomas Merton" (New York 1969), zitiert nach Arthur W. Biddle (Hg.), *When Prophecy Still Had a Voice: The Letters of Thomas Merton and Robert Lax,* Lexington/Ky. (University Press of Kentucky) 2001, S. 441–448.

16 Octavio Paz, *The Bow and the Lyre,* Austin (University of Texas Press) 1973, S. 19.25 (dt.: *Der Bogen und die Leier,* 2. Aufl., Frankfurt 1990).

17 Michael McGregor, „Turning the Jungle into a Garden: A Visit with Robert Lax", in: *Poets and Writers,* März/April 1997, S. 81.

18 Robert Lax, *Commonweal,* 12. Juli 1996, S. 2.

19 Robert Lax, *Love Had a Compass: Journals and Poetry,* hg. von James J. Uebbing, New York (Grove) 1996, S. 224 f.

20 Ebd., S. 224.

21 Ebd., S. 225.

22 Robert Lax, *Circus of the Sun,* a. a. O., S. 225.

23 Ebd., S. 29.

24 Robert Lax, „Voyage to Pescara", in: *Circus Days and Nights*, a. a. O., S. 162 f.

25 Gerard Manley Hopkins, *Gedichte, Schriften, Briefe*, München 1954, S. 55.

26 *Poets and Writers*, März/April 1997, S. 84.

27 Lax, „Port City", in: *Love Had a Compass*, a. a. O., S. 125.

28 Biddle, a. a. O., S. 89.

29 Michael W. Higgins und J. S. Porter, „Writing for Writing's Sake: An Interview with Paul Spaeth", in: *The Merton Seasonal*, Bd. 26, Nr. 1 (Frühling 2001), S. 19.

30 Biddle, a. a. O., S. X.

31 *Ebd.*, S. 309 f.

32 Robert Lax, *What Does a Stone Mean?*, St. Bonaventure/N. Y. (St. Bonaventure University) 2001, S. 33.

33 Robert Lax, *Moments*, Zürich 2000, S. 44.46.64.

34 Paz, a a. O., S. 19 f.

35 Ebd., S. 20.

36 Lax, *33 Poems*, a. a. O., S. 56 f.

37 Robert Lax, *The Way of the Dreamcatcher: Spirit Lessons with Robert Lax: Poet, Peacemaker, Sage*, hg. von Steve Theodore Georgiou, New London/Conn. (Twenty-Third) 2002, S. 277.

38 Robert Lax, *Psalm*, Zürich 1991, S. 8.10.

Nachwort

1 *Wolke des Nichtwissens und Brief persönlicher Führung*, übertr. u. hg. von Willi Massa, Freiburg 1999, S. 34 f.

2 Ebd., S. 37.

3 Ebd.

Bibliographie

Armstrong, Regis J. OFM et al. (Hgg.), *Francis of Assisi, Early Documents*, Bd. II, *The Founder*, New York (New City) 2000.

Barclay, William, *Lukasevangelium*, 2. Aufl., Wuppertal 1974.

Biddle, Arthur W. (Hg.), *When Prophecy Still Had a Voice: The Letters of Thomas Merton and Robert Lax*, Lexington/Ky. (University Press of Kentucky) 2001.

Bodo, Murray, *Through the Year with Francis of Assisi*, Cincinnati (Saint Anthony Messenger Press) 1993.

Bonaventura, *Franziskus, Engel des sechsten Siegels. Sein Leben nach den Schriften des heiligen Bonaventura*, übers. von Sophronius Clasen (Franziskanische Quellenschriften 7), Werl 1962.

Caterina von Siena, *Gespräch von Gottes Vorsehung*, übertr. von Ellen Sommer-von Seckendorff und Cornelia Capol, 4. Aufl., Einsiedeln 1993.

Claghorn, George S. (Hg.), *Letters and Personal Writings*, New Haven/Conn. (Yale University Press) 1998.

Daniels, Kate, *Four Testimonies: Poems*, Baton Rouge/La. (Louisiana State University) 1998.

Devlin, Christopher SJ (Hg.), *The Sermons and Devotional Writings of Gerard Manley Hopkins*, London (Oxford University Press) 1959.

Flinders, Carol Lee, *Enduring Grace: Living Portraits of Seven Women Mystics*, New York (Harper San Francisco) 1993.

Gardner, W. H., *Gerard Manley Hopkins, Poems and Prose*, New York (Penguin) 1963.

Georgiou, Steve Theodore (Hg.), *The Way of the Dreamcatcher: Spirit Lessons with Robert Lax: Poet, Peacemaker, Sage*, New London/Conn. (Twenty-Third) 2002.

Görres, Ida Friederike, *Das verborgene Antlitz*, 6. Aufl., Freiburg 1949.

Hopkins, Gerard Manley, *Gedichte, Schriften, Briefe*, München 1954.

–, *Journal*, in einer Übersetzung von Peter Waterhouse, Salzburg und Wien 1994.

Hughes, Serge und Elisabeth, *Jacopone da Todi: The Lauds*, New York (Paulist) 1982.

Jacopone da Todi, *Die Lauden*, italienisch mit deutscher Übertragung von Hertha Federmann, Köln 1967.

Johannes vom Kreuz, *Dunkle Nacht*, übers. von P. Aloysius ab Immac. Conceptione aus dem Orden der unbeschuhten Karmeliten (Des heiligen Johannes vom Kreuz sämtliche Werke in fünf Bänden, Bd. 2), 3. Aufl., München 1956.

–, *Geistlicher Gesang*, übers. von P. Aloysius ab Immac. Conceptione aus dem Orden der unbeschuhten Karmeliten (Des heiligen Johannes vom Kreuz sämtliche Werke in fünf Bänden, Bd. 4), 3. Aufl., München 1957.

Juliana von Norwich, *Offenbarungen der göttlichen Liebe*, übers. von G. Gerlach, hg. von Otto Karrer, Paderborn 1927.

Lax, Robert, *33 Poems*, hg. von Thomas Kellein, New York (New York Directions) 1988.

–, *Circus Days and Nights*, hg. von Paul Spaeth, New York (Overlook) 2000.

–, *Love Had a Compass:* Journals and Poetry, hg. von James J. Uebbing, New York (Grove) 1996.

–, *Moments*, Zürich 2000.

–, *Peacemaker's Handbook*, hg. von Judith Emery und Michael Daugherty, Zürich 2001.

–, *Psalm*, Zürich 1991.

–, *What Does a Stone Mean?*, St. Bonaventure/N. Y. (St. Bonaventure University) 2001.

Lehmann, Leonhard (Hg.), *Das Testament eines Armen: die Schriften des Franz von Assisi*, Werl 1999.

Merton, Thomas, *Der Berg der sieben Stufen*, Bonn 1952.

Miles, Siân (Hg.), Simone Weil: *An Anthology*, New York (Weidenfeld and Nicolson) 1986.

Paz, Octavio, *Der Bogen und die Leier*, 2. Aufl., Frankfurt 1990.

Peck, George T., *The Fool of God: Jacopone da Todi*, Tuscaloosa/Ala. (University of Alabama Press) 1980.

Plessix Gray, Francine du, *Simone Weil*, New York (Penguin) 2001.

Theresia vom Kinde Jesu, *Geschichte einer Seele*, übertr. von Adrienne von Speyr, Einsiedeln 1947.

Tuchman, Barbara, *Der ferne Spiegel*, 13. Aufl., München 1995.

Undset, Sigrid, *Katharina Benincasa*, Bonn 1953.

Van Doren, Mark, *The Autobiography of Mark van Doren*, New York (Harcourt, Brace) 1958.

Weil, Simone, *Das Unglück und die Gottesliebe*, München 1953.

Wolke des Nichtwissens und Brief persönlicher Führung, übertr. u. hg. von Willi Massa, Freiburg 1999.

Wolters, Clifton, *Julian of Norwich: Revelations of Divine Love*, New York (Penguin) 1966.

Richard John Neuhaus

Als ich im Sterben lag

Gedanken auf dem Totenbett – die „Letzten Dinge" persönlich erlebt: Richard John Neuhaus, einer der profiliertesten Katholiken der USA, war durch eine schwere Krebserkrankung und zahllose Operationen soweit, daß er nicht mehr leben wollte. In diesem Buch erzählt er, warum er an der Grenze zum Tod dennoch das Leben wählte. Die Schilderung seiner persönlichen Erfahrung bezieht philosophische, psychologische und naturwissenschaftliche Aspekte, Poesie, Literatur und Theologie mit ein.

ISBN 978-3-86744-005-9
gebunden, 160 Seiten

Regina Kummer

Siehe, deine Mutter

Alles über Maria von Nazareth

Regina Kummer gelingt es, die Verehrung Marias im christlichen Glauben vollständig abzubilden und dazu eine sehr persönliche literarische Form zu finden. Ob sie deren Biographie als einen Lebensrückblick auf dem Sterbebett gestaltet oder die apokryphen Schriften selbst erzählen läßt, wie das überlieferte Marienbild entstand, stets geht die Autorin mit leichter Hand und gläubigem Sinn an eine überaus reiche Geschichte heran: die Verehrung jener Frau aus Nazareth, die das freie „Ja" des Menschen an Gott symbolisiert.

ISBN 978-3-936484-75-5
gebunden, 152 Seiten

SANKT ULRICH VERLAG

Gerald May

Die Nacht der Seele

Mit Mystikern aus der Depression

Immer häufiger leiden Menschen unter Ängsten, Verzweiflung und Depressionen, die sich wie ein dunkler Schatten auf die Seele legen. Wie kommt man aus dieser „Nacht der Seele" wieder ans Licht? Gerald May, Theologe und Psychiater, erschließt in seinem Buch einen neuen und ungewöhnlichen Weg. In den Texten der großen spanischen Mystiker Teresa von Ávila und Johannes vom Kreuz hat er erstaunliche Erkenntnisse über die Nacht der Seele gefunden – und über das Licht, das diese Dunkelheit erhellen und heilen kann.

SANKT ULRICH VERLAG

ISBN 978-3-86744-068-4
gebunden, 208 Seiten